WOLFGANG SCHIPPMANN

„Papa, du bist peinlich!"

Von Vätern,
Müttern und
anderen uncoolen Kreaturen

Satirisch-kolumnistische Aufbereitung
erlebter Alltagssituationen mit
„tiefen-psychologischer"
(Stammtisch-)Reflexion…

Ausdrücklich bedanken will ich mich bei Anja Seeboth, die all' meine Wünsche geduldig entgegennahm und umsetzte, sowie bei meinen Kids, die mir im Alltag immer wieder neue Impulse und Flügel verliehen.

© 2013 Wolfgang Schippmann, Berlin
Grafische Gestaltung: Anja Seeboth, Stuttgart, www.seeboth.net
Herstellung und Verlag: BoD – Books on Demand, Norderstedt
ISBN 9783732262816

Elternabend	07
(Gleich-) Gewichtsstörungen	15
Eine Hommage	23
Bettenhaus II	25
Wulffen versus Gauckeln	35
Fitnessstudio	39
Klassentreffen	47
Pubertitis	53
Liebesbrief	59
Das Seitensprungsyndrom	61
Morgenstund'	67
Partner_falle…	73
Vorsicht! Weihnachten!	81
Rien ne va plus	83
Die Anmeldung	91
Die Tonleiter im Handgepäck	95
Nadelstiche	103
Klugscheißer	105
Kariösitäten	109

ELTERNABEND
HEUTE: 20 UHR

Elternabend

Was die (V-)Erziehung unserer gemeinsamen Kids anbelangte, so bestand zumindest darin noch immer innerfamiliärer Konsens! Und trotz unterschiedlicher Sozialisation und individueller Neuorientierung konnten wir sogar noch auf einem anderen bedeutsamen Feld deckungsgleiche Emotionen austauschen, die sich in stets wiederkehrenden Appellen an den jeweils anderen entluden: „Diesmal bist du aber dran!"

Sobald uns also bestimmte förmliche Einladungen erreichten, die nicht selten den Charakter entmutigender Zwangsvollstreckungsbescheide beinhalteten, begann zwischen uns ein außerordentlich kreativer und ergebnisoffener Wettstreit, wer wohl als erster ein glaubhaftes und unwiderrufliches Teilnahme-Verhinderungs-Argument hervorzuzaubern imstande wäre. Und um dem Horrorszenario mit pädagogischem Wundstarrkrampf rechtzeitig entgehen zu können, waren neben Fantasie vor allem gut funktionierende Netzwerke, Überzeugungskraft und ein schnelles Handeln gefragt; wer beispielsweise mit einer parallel anberaumten und unverzichtbaren Dienstreise aufwartete, hatte einfach einen Grand mit Vieren in der Hand – mit meinem eher luschigen Blatt war ich diesmal der Loser!

So, wie Vampire vom Jungfrauenblut leben, können scheinbar viele Mütter schulpflichtiger Töchter & Söhne nicht ohne Elternabende existieren! Mir dagegen verursachen solche Termine schon Tage vorher entsetzliche Magen- und Darm-Tinnitusse und eine latente Grundübelkeit, vor allem dann, wenn sich aus den „Einberufungsbefehlen" kostspielige und zeitaufwendige Einkaufsprozesse ableiten lassen, wobei sich mitunter die Tagungsordnungspunkte wie Inventarlisten neu eröffneter Mc-Paper-Filialen lesen: Schnellhefter in gelb –

rot – blau; Pinsel der Stärke 12 abwärts; Anforderungsprofile für Tuschkästen, Zirkel und Filzer; explizite Kaufanweisungen für linierte und blanko gestaltete Ringordner; Vokabelhefte in DIN A4, Notenhefte in DIN A3, Malblöcke in DIN A5 und so weiter und so weiter!

Meine Vermutungsbandbreite hatte inzwischen einen so voluminösen Radius erreicht, dass mich sogar schon nachts stimmgewaltige Anfragen echauffierter Doppelnamen-Mütter verfolgten: Ob denn die Miriam-Chantals auch mit „Schläppchen" turnen dürften, oder der Pierre-Francoise mit gepierctem Nasenbein aufkreuzen und die Ariane-Jaqueline wegen der momentan günstig postierten Himmelskörper unbedingt am Fenster sitzen könne? Und je näher der Termin rückte, desto intensiver griffen auch meine Vorbehalte gegenüber diesen unsäglichen und total überflüssigen Elternabenden. Mag sein, dass ich einen Hang zur Simplifizierung habe, doch Eltern-Sprech-Tage, an denen sämtliche Lehrkräfte für zirka zehn Minuten für Einzelgespräche zur Verfügung stünden, halte ich für wesentlich effektiver und zielorientierter als langatmige Mutti-Vati-Versammlungen, die häufig von hyperventilierenden Protagonistinnen für Selbstinszenierungen missbraucht werden.

Allmählich entfaltete sich vor meinem geistigen Auge das Bild einer Höllenvision; und bevor ich mich missmutig auf den Weg zur Lehranstalt machte, die durchaus auch „Pille-Palle-Gymnasium" hätte heißen können (früher hatte der *Adel* Bildungseinrichtungen gegründet und nicht beschissen!!!), wünschte mir mein vor der Glotze sitzender Sohnemann mit einem süffisanten Lächeln viel Spaß bei der Sit-in-Party, ohne mich nicht auch noch an die Live-Übertragung des Champions-League-Spiels der Bayern zu erinnern – oh je, auch das noch! Dieses Jahrhundert-Match war mir total entfallen! Mit seiner demonstrativ aufgemotzten Informationsweitergabe, aus der ich auch ein bisschen Schadenfreude herauszuhören glaubte, fühlte ich mich endgültig als ein Opfer, das sich in tiefer Verzweiflung und substanziellen Stimmungsschwankungen der Eltern-Clique ausgeliefert sah!

Mit einer Überdosis an Verachtung betrat ich punktgenau den Klassenraum der 7b, in dem sich bereits eine mir völlig unbekannte halbe Hundertschaft drängelte, was mich an einen total überfüllten U-Bahn-Waggon der Linie 1 erinnerte. Nun, jeder Mann hat wohl Sequenzen des Irrsinns in seinem Verhaltensmuster, nur so ist es zu erklären, warum ich mich überhaupt ungefragt zwischen Tür und Angel vorstellte, darüber hinaus auch noch verriet, von wem ich der Vater sei und mit zwei Fingern an der Nase um Öffnung der Fenster bat, weil „es hier wie in einem französischen Edelbordell miefen würde!" Nur gut, dass die einsichtige und ebenfalls nach Sauerstoff schnappende Klassenlehrerin, Frau Müller-Wenniger-Hohlstein, augenzwinkernd und gestenreich mein Bedürfnis nach frischer Luft unterstützte, somit die allgemeine Aufmerksamkeit wieder auf sich lenkte und meine impertinente Metapher nicht auch noch zum Gegenstand eines weiteren Tagungsordnungspunktes hochstilisierte! Im Nu wurde mir klar, dass ich viel Unnützes in meinem Leben gelernt hatte, aber leider nicht, wie man(n) sich sprachlich akkurat und stilsicher über stinkende Mitmenschen und deren Ausdünstungen artikulierten darf!!!

Nachdem sich Madame Zweifach-Bindestrich und noch weitere fünf Fachlehrer vorstellten, teilten sich die Herren Pädagogen in drei benachbarte Klassenräume auf, um später dort bedarfsorientiert und detailverliebt über ihre „bewährten operativen Lernzielstrategien" und der vom „gesamten Lehrkörper mehrheitlich verabschiedeten Stoffvermittlungsmethodiken" referieren zu können! Die restliche Menschenkette wurden unter Hinweis auf mein knappes Statement gebeten, die „Warm-up-Phase" in ähnlicher Form zu beenden. Doch es kam, was zu befürchten war – und noch viel schlimmer! In totaler Ignoranz der von Frau MWH moderat vorgetragenen Bitte, die Vorstellungsrunde doch zügig abzuschließen, wurde stattdessen ausgiebig und unerbittlich geschleimt, geseiert und gesabbelt, so dass die Klassenlehrerin den Fluss der nicht enden wollenden Konversation weder folgen noch unterbinden konnte:

„Also ich bin die Bärbel Wohlgemut-Kannengießer und die Mama von dem Malte-Rodriguez, dessen Schwester Finja-Jolina in die 9b bei Frau Bölke-Heinrich geht! Der Malte-Rodriguez spielt wie seine jüngere Schwester Franziska-Carlotta die Querflöte und ich würde mich freuen, verehrte Frau Müller-Wenninger-Hohlstein, wenn der Malte-Rodriguez hier im Schulorchester seine außergewöhnliche Begabung unter Beweis stellen dürfte! Mit Stolz möchte ich hinzufügen, dass unser Malte-Rodriguez wie sein Vater Wolf-Günther, der hier rechts neben mir schläft, schon seit Jahren erfolgreich an nationalen Schach-Meisterschaften teilnimmt! Ich selbst bin noch als ehrenamtliches Mitglied im Ring freier Stand-up-Quasseler …" Sorry, nee, nee, mehr geht nun wirklich nicht, oder? Jetzt wissen Sie auch, was ich unter „fremdschämen" verstehe! Eine andere Mutter schüttelte die Diagnose ADHS wie das Kochrezept eines schlesischen Putenauflaufs aus ihrem Ärmel! Wie eine bonusfixierte Pharmareferentin gestand sie dem inzwischen schon betäubten Plenum, ihren Zappelphilipp bereits seit langem mit kiloweise Ritalin aufgepäppelt zu haben, damit sich das zitternde Männlein wenigstens lethargisch und bekifft durch die Schulstunden hatte koksen können!

Eine weitere Mama, so ne Art Kleiderständer mit Sprache, gab der Lehrerin „wertvolle" Tipps im Umgang mit ihrem „kleinen" Legastheniker, dessen bedauerliches Handicap leider auch den größten Teil ihres endlosen Unterhaltungs-Repertoires füllte!

Die Liste der schwadronierenden Literarinnen, die ihre reichhaltigen, aber nichts sagenden Erfahrungsschätze wie hessische Büttenredner unters Volk streuen, ließe sich beliebig fortsetzen; doch der Abend bekam noch eine weitere tragische Komponente, denn angesichts der grenzenlosen Mitteilungsbedürfnisse von über 30 Eltern war der großzügig konzipierte Zeitplan mit einem 22-Uhr-Ende kaum noch zu halten. Für Top1 (Begrüßung und Kennen lernen) wurden schon 90 Minuten verplempert und „Schweinsteiger und Co" dürften zu diesem Zeitpunkt längst mit ihrer Beingrätsche die zweite Halbzeit eingefoult haben! In der Hoffnung, wenigstens noch in der Schlussviertelstunde den „Roten" (so werden die Bayern-Giganten genannt!) die Daumen drücken und mich vor weiteren zermürbenden Sprechblasen, die auf meinen letzten wachen Gehirnzellen zu zerplatzen drohten, schützen zu können, forcierte ich etwas bissig den bislang stockenden Verfahrensablauf:

„Pardon, sollten wir aus Zeitgründen nicht erst Top 3 vorziehen, damit die Wahl der Elternvertretung auch noch bei vollem Bewusstsein aller Beteiligten erfolgen könne?", erhob ich ein zweites Mal meine Stimme und erntete mit meinem sarkastischen Zwischenruf kaum noch zu erwartende Zustimmung! Meine Initiative hatte allerdings keinen übermäßig großen Einfluss auf die schon geschrumpfte Zeitachse, denn wider Erwarten und entgegen dem allgemeinen Trend bewarben sich gleich drei Muttis um die zwei vakanten Pöstchen!

Begriffe wie „geheime Wahl", „Zwei-Drittel-Mehrheit" und „Hammelsprung" machten die Runde und trugen bei vielen der Anwesenden ebenfalls zu einer schleichenden (Mond-)Finsternis bei; doch inmitten kolportierter Entscheidungsfindungsmodalitäten entfaltete plötzlich ein offensichtlich auch angefressener und genervter Vater seine ganze Dynamik, indem er sich mit der Empfehlung einer „Doppelspitze plus einer Vertreterin" aus der Deckung wagte und somit nicht nur die Herzen der drei Bewerberinnen eroberte, sondern mit seiner Spontaneität auch die eigene Partnerin überrumpelte! Unter Standing Ovations wurde das geniale Zeiteinsparungsmodell mehrheitlich akzeptiert, die „Führungsriege der 7b" formal-dilettantisch bestätigt und die frisch gekürten Elternsprecherinnen wie bei einer Bambi-Verleihung in allerlei Lobhudeleien ertränkt!

Eine der drei Würdenträgerinnen brachte zum Auftakt gleich mal ein paar ad hoc entwickelte Blätter in Umlauf, auf den zum Einen die Einführung eines vegetarischen Schulessens gefordert und zum Anderen nach Begleiteltern für den nächsten Wandertag gefahndet wurde; auf einem anderen Zettel ging es um die Frage, wer zur Einweihung des Musikraumes recycelte Girlanden mitbringen könnte und wer zum Sponsorenlauf glutenfreie Dinkelkekse backen würde! Glücklicherweise fand eine Abstimmung über die Tischdekoration für den bevorstehenden Bazar zugunsten der Erdbebenopfer in Fukushima keine Mehrheit, und die noch säumigen Top 2 und 4 sollten beim ersten Elternstammtisch – am liebsten noch im Anschluss an diese Veranstaltung – abgearbeitet werden!!!

Anschließend begann der Run auf die bis dahin noch isolierte Geschichts-, Mathe- und Weiß-ich-was-Lehrerschaft! Und unter dem Eindruck, als würden sich mindestens zwei Dutzend castingerprobte Mamis durch die männliche Pädagogengarde flirten, kümmerte ich mich um die erschöpfte und allein gelassene Klassenlehrerin, die hastig an ihrer Wasserflasche sog, um damit vermutlich ihren Flüssigkeitsspegel wieder ausgleichen zu können! Obwohl sie der Gruppe in den letzten beiden Stunden kaum noch nennenswerte Impulse hatte verleihen können und auch den Redeschwall der Sprachsüchtigen nicht zu unterbinden verstand, nahmen ihre Augen einen bemerkenswerten Ausdruck totaler Unschuld an. Nur aus Anstand drängte ich der offensichtlich unter Wahrnehmungsstörung Leidenden nicht mal mehr mein Unbehagen auf, sondern konzentrierte mich vielmehr auf die noch ungeklärten organisatorischen Fragen, die sich u. a. auf die Aushändigung dringend benötigter Schülerausweise, auf die Schließfachvergabe für nicht täglich mitzuschleppende Unterrichtsmaterialen und auf die Verhaltensregeln im Krankheitsfall bezogen.

Mit den entsprechenden Ergebnissen im Gepäck konnte ich meiner Anwesenheit doch noch einen halbwegs plausiblen Sinn unterstellen und die enorme Zeitverschwendung etwas wohlwollender rechtfertigen, als plötzlich ein schrillendes Pausengeläut zwar mein tête à tête mit der Frau Klassenlehrerin splitterte, dafür aber alle Umherwuselnde blitzartig zusammenführte. Die längst überfällige Verabschiedung erfolgte etwa eine Stunde vor Mitternacht, und meine Sehnsucht nach einem Nationalitätenwechsel führte mich direkt zum gegenüberliegenden Chinesen, von dem ich mich mit einem „Hühner-chop-suey-To-Go" und einem Unterwegsdosenbier versorgen ließ, denn schließlich würde auch kein Zoodirektor auf die Idee kommen, einem hungrigen Löwen eine Portion Blattspinat anzubieten! Zuhause hatte sich Robert unter festlicher Beleuchtung in seinem Hochbett verschanzt, während Louisa noch mit ihrem Handy in der Hand gerade die Tiefschlafphase zu erreichen schien. Das Fußballspiel endete übrigens torlos, so dass sich mein Ärger wieder ins normale Alltagsmaß einpendelte.

Nach dem üppigen Nacht-Mahl baute ich meinen Restfrust auf eine eher ungewöhnliche Art ab, indem ich der Mutter, die ja derweil im schicken Hotel weilte, noch schnell eine SMS schickte, in der ich ihr mitteilte, dass unsere Tochter in der sozialkritischen Aufführung der Theater AG freiwillig die Rolle einer Punkerin an sich gerissen hätte, weshalb sie sich wegen der vorzeitigen Premiere schon morgen mit zwei anderen Mädels einen adressatengerechten Irokesenhaarschnitt zulegen müsse. Außerdem hätte ich sie (also die Mutter) aus Solidarität mit der engagierten Ethiklehrerin und wegen der zu geringen Anzahl von Interessenten noch nachträglich für den „Eltern-Schüler-Töpferkreis gegen Rechts" angemeldet, der auch nur sonntags von 8.30 bis 11 Uhr in der Königlichen Porzellan-Manufaktur zusammenkommen würde! Nach dem Absenden meiner gefakten

Mitternachtsgedanken schaltete ich umgehend mein Handy und das Festnetz-Telefon aus, um ungestört und in klammheimlicher Freude die Ruhe vor dem anstehenden Sturm der Entrüstung genießen zu können – ganz schön fies, stimmt's?

(Gleich-)Gewichtsstörungen

Nachdem ich meine untere Körperhälfte schon über einen längeren Zeitraum ausschließlich in zwei meiner Lieblingsjeans zu Markte trug, schien mir das Schlüpfen in andere Beinkleider nicht nur aus optischen, sondern vor allem auch aus hygienischen Gründen unausweichlich. Und obwohl glaubhaft überliefert ist, dass die kernigen Südstaatler-Cowboys der Vereinigten Staaten von Amerika bis zum Ende ihrer Tage mit nur einer einzigen Levis auskamen, wollte ich dem (alt-)modischen Trend trotzen und den Wechsel in eine meiner längst ausgelagerten Trevira-, Kammgarn- oder Leinenhosen vorantreiben, zumal das Spektrum meiner Kleiderwahl – im Gegensatz zu dem meiner Freundin – sehr überschaubar war!

Dass mich mein sprudelnder Gedankenfluss in einen emotionalen Frustrationskanal spülen würde, lag bereits in der Natur der Sache – nämlich an meinem schleichenden körperlichen Veränderungsprozess, wobei das einzige Dilemma meiner Alt-Hosen darin bestand, dass sie mir irgendwann auch mal passten!

Zugegeben, der Iron-Man-Optik und dem luxuriösen Waschbrettbauch fühlte ich mich schon lange nicht mehr verpflichtet, weshalb ich es in den vergangenen Jahrzehnten mit der eigenen Fitness auch nicht gerade übertrieben hatte! So ließ ich denn auch aus Sorge, mich etwa bei körperlicher Betätigung verletzen und infolgedessen der Familie nicht mehr vollwertig dienen zu können, selbst die letzten zehn (oder gar zwanzig?) meiner heißgeliebten Berlin-Marathonläufe sausen! Darüber hinaus nahm ich verantwortungsbewusst und der Not gehorchend sämtliche Termine und Einkäufe nur noch mit dem Auto wahr, weil ich mich keinesfalls mit dem in meinem Keller dahinrostenden Drahtesel den tückischen, von Geisterfahrern heraufbeschworenen Gefahren aussetzen wollte – im Grunde genommen war ich also nur darauf bedacht, mich dem Raubbau an meinem Körper zu widersetzen!

Doch nicht nur der Blick in meinen Ausweis erinnerte mich daran, keine dreißig mehr zu sein; denn allmählich pendelte sich auch das Verlangen nach kreativem und bewegungshungrigem Sex auf ein Niveau ein, das meiner schwächenden Rücken-, Brust- und Beinmuskulatur Rechnung trug! Mit eben diesen eingeschränkten Stabilisatoren und der langfristigen Einnahme millionenfacher Kalorien, kiloweise Fette und unzähliger Fässer Wein wird es halt immer schwieriger, die erotischen Schwingungen einer Frau in brodelnde Vulkane verwandeln zu können! Und wenn dann noch bei hechelnder Atmung die ersten drei von vier Knöpfen aus dem Ruder springen und schon ein bloßes Rumpfneigen dazu führt, dass sich der Hosenbund sicht- und spürbar in die ausfernden Hüften einzufräsen droht, dann brennen sich zwangsläufig so furchterregende und qualitätsferne Bilder ins Gehirn, die nur noch mit starkem Veränderungswillen ausgelöscht werden können. Nichts kann übrigens eine Partnerschaft mehr erschüttern als so hinterhältige Fragen wie „Wolltest du nicht irgendwann wieder anfangen, regelmäßig zu joggen?" Oder noch perfider: „Hast du den Tennisplatz für das Doppel mit deinen Freunden schon gebucht?"

Und was dem beliebten Breitensport angeht: Es sollen wissenschaftliche Erkenntnisse vorliegen, die besagen, dass der Mensch, der sein Leben lang täglich eine Stunde joggt, grundsätzlich ein Jahr länger lebt – andererseits muss er dafür aber auch etwa vier Jahre seines Lebens allein für das Joggen opfern!!!

Treffender hätte es meine 13-Jährige Tochter Louisa nicht ausdrücken können, als sie im gut gefüllten Schwimmbad voller Entsetzen und mit hallendem Sirenengeheule den Satz ausstieß „Au weia Papa, du bist aber ganz schön dick!", dazu die Kamera zückte, um ja noch schnell das „Bild des Monats" in ihr kleines Digitalkästchen einzufangen! Mit einem halsbrecherischen und verbotenen Kopfsprung ins kühle Nass versuchte ich schleunigst der Peinlichkeit zu entgehen; und der quälende Gedanke, das Foto könnte womöglich schon morgen bei facebook oder you tube im Umlauf sein, verebbte erst in dem Augenblick, als mir bei der späteren gemeinsamen Begutachtung der Aufnahmen „versehentlich" ein Missgeschick unterlief – die irreparable Löschung meiner halbnackten Präsentation...

Nun, ich bin zwar kein anerkannter Indikator für die Qualität und Angemessenheit der von meiner Tochter subjektiv ausposaunten Aussage – doch strafmildernd dürfte sein, dass Louisa aufgrund ihrer super-schlanken Linie möglicherweise eine etwas verengte Sichtweise auf meinen Body hatte, einer nonkonformistischen Werteskala anhing und infolgedessen auch eine – sagen wir mal – realitätsferne Begrifflichkeit wählte. Jedenfalls traf mich der (Seiten-)Hieb zutiefst, und spätestens nach dieser öffentlichen Demütigung, die bei den meisten Badegästen nur ein mitleidiges Lächeln, statt eines solidarischen Widerspruchs auslöste, war ich fest entschlossen, den Zwischendurch-Currywürsten, den Vormittags-Schokoriegeln und den abendlichen Vollfett-Käseshäppchen den Kampf anzusagen! Und sollte tatsächlich das Normalgewicht – was immer darunter zu verstehen ist – die absolute Basis der Glückseligkeit bedeuten, wollte ich mich schnellstens in ein fettarmes Chamäleon verwandeln, körperlich nicht mehr unbedingt mit der Expansion der Wirtschaft wetteifern und zukünftig auf spontane Fressattacken verzichten!

Einen bedeutsamen Motivationsschub für mein hehres Experiment bekam ich durch folgenden scharfsinnigen Appell, den ich während eines Arztbesuchs optisch aufsog und umgehend verinnerlichte: „Lieber fit auf die Jagd, statt gefräßig unterm Sofa!" Na ja, und wenn diese Metapher für Hunde und Katzen gelten soll (das

Schild hing übrigens im Wartezimmer eines Veterinärs!), dann dürfte diese Weisheit auch auf mich zutreffen! So tauchte denn inmitten meiner vielen Selbstreflexionen immer wieder die Frage auf, mit welcher Strategie ich den überflüssigen Pfunden am schnellsten und effektivsten beikommen könnte, zumal ich doch in der Vergangenheit permanent habe erleben müssen, wie sich die Molligen und Pummeligen meines Umfeldes vergeblich mühten, Ernährungspläne von Extremsportlern abzukupfern und umzusetzen, während sich andere sogar zu Ausnahmeathleten hungern wollten, nur um sich vermeintlich verloren gegangenes Selbstbewusstsein (oder die weggelaufene Partnerin!) zurück zu holen! Wie formulierte es mal mein fetter Vetter mit tremelohafter Vehemenz und einer Portion Selbstmitleid? „Ein Mann könne durchaus in Würde verblöden, meinetwegen auch verglatzen oder verkommen; aber eines dürfe er niemals – verfetten!"

Gehörte ich nun tatsächlich schon der Zielgruppe einiger umsatzorientierter Ernährungscliquen an, die sich mit desillusionierenden Gewichtsreduzierungsprophezeiungen bei den Übergewichtigen einzuschleimen versuchen? Sollte ich nicht doch besser mein überflüssiges Bauchpotenzial professionell absaugen oder es vielmehr in nächtlichen Ablaufprozessen im inneren Ofen meines Körpers verbrennen lassen, wie es in manchen Hochglanzbroschüren bestimmter Konsumfetischistenvereinigungen empfohlen wird? Andererseits ist eine ganze Armada von Vitaminmaximalisten und Kalorienzählern bereit, auf glücklich machende Nahrung wie Schokolade, Kuchen oder Gebäck zu verzichten und sich dafür auch noch die gute Laune verderben zu lassen! Ist das wirklich alles nur eine Frage der Disziplin? Und wenn sich mein Entscheidungs-Pegel schlussendlich zu den Diäten bekennen sollte, welche käme dann überhaupt für mich in Betracht? Würde sich denn mein auf variierende Mengen geeichter Magen, meine verwöhnte Leber und nicht zuletzt auch meine sensible Psyche an die Kalorien-, Fett- und Kohlehydratreduzierung gewöhnen können? Fragen über Fragen!!! Spekulationen und Visionen, die mich noch eine ganze Weile auf Trab halten sollten…

Apropos Trab; das Vokabular der Diätlobby könnte durchaus dem Starterfeld eines Pferderennens entnommen worden sein – setzt man nun auf den Newcomer „Lida-Dai-Dai-Hua" oder doch besser auf den alten Haudegen „Atkins"; sind die bewährten Stuten „Brigitte" und „Hollywood" die Favoriten oder doch eher „Forever Young" und „Weight Watchers"? Was böte mir schlussendlich das Ich-kann-es-nicht-mehr-hören-Bauch-Beine-Po-Programm? Die Vorstellung, mich zwischen dampfenden Mädels, überdimensionalen Gummibällen und farbigen Springseilen hin und her dirigieren zu lassen, käme wohl einem Milowitschen Volksbelustigungstheater gleich und sähe vermutlich nicht nur albern und unmännlich, sondern auch verdammt stalkermäßig aus, stimmt's? Mit der Überzeugung eines Serienkillers, der die Wahl seiner Opfer auch nicht dem Zufallsgenerator überlässt, entschloss ich mich schließlich für eine gesunde und bewusste Nahrungsaufnahme, die täglich um 08.00 Uhr beginnen, nur aus drei Mahlzeiten bestehen und um 17.00 Uhr kohlehydratfrei enden sollte – meine Strategie mit der anspruchsvollen Messlatte, in wenigen Wochen etwa acht Kilo verlieren zu wollen, reichte ich über mein Großhirn großspurig an alle betroffenen Innereien weiter…

Eigentlich könnte mein Erlebnisprotokoll aus der Welt der Hungerleider an dieser Stelle enden, denn alle gewichtigen Zu-jeder-Tageszeit-Mampfer und korpulenten Epikuräer sowie die überwiegende Mehrheit der kugelrunden Allesfresser dürften die Gesetzmäßigkeiten des Nahrungsmitteleinnahmefrustrationskreislaufes mindestens schon einmal am eigenen Wanst gespürt haben! Und nicht nur diese vollmundigen Spezies, sondern auch die schmalbrüstigen Balletttänzer(Innen), Jockeys und Rudersteuermännchen können mit dem Jojo-Effekt gemeinsam etwas assoziieren – niveauvolles Jammern!

Dennoch fühlte sich meine Anfangseuphorie fantastisch an, zumal mein körpereigener Verbrennungsmotor optimal zu arbeiten schien, als hätte er in knapp vier Wochen nicht nur fünf Kilo aus meinen Rippen geblasen, sondern auch den ersten Etappensieg bei der Tour de Leiden errungen! Doch nur wenige Tage später lief plötzlich gar nichts mehr! Trotz strikter Einhaltung meiner mir selbst auferlegten Tagesration ging der große schwarze Zeiger keinen weiteren Strich mehr nach links! Mein Anfangsverdacht, die Blockade in meiner Waage könne möglicherweise durch eine Positionsänderung positiv beeinflusst werden, erwies sich als ein demoralisierender Hoffnungskrepierer! Sollte denn meinem Ofen so kurz vor dem Finale doch noch das Feuer ausgegangen sein? Wäre es da nicht zielführender, ausnahmsweise mal ein paar Brennelemente inform von Süßspeisen nachzulegen?

Nun bin ich mir gar nicht mehr so sicher, ob jene hageren Kostverächter bewundert oder doch eher bedauert werden müssten, die es tatsächlich fertig kriegen, eine Woche lang an einem einzigen Knusperriegel herumzulutschen. Das wäre genusstechnisch betrachtet etwa so, als würde ein Alkoholiker bereits beim bloßen Anblick einer polnischen Wodkaflasche ins angestrebte Delirium fallen! Kurzum: die 200g-leichte Rumtrauben-Nuss-Tafel, die sich schon seit einigen Wochen in meinem Kühlschrank langweilte und die ich bislang erfolgreich ignorierte, musste nun schleunigst den Weg zu meinem offensichtlich auf Sparflamme laufenden Kamin finden. Um den Weg dorthin zu beschleunigen, pumpte ich sicherheitshalber noch einen dreiviertel Liter Rotwein hinterher! Und wer sich in diesem Metier auch nur ein bisschen auskennt, ahnt zumindest den weiteren Verlauf meiner (Zu-)Taten! Na klar, wenn schon mal gesündigt, dann aber bitte richtig! Den feurigen Abend rundete ich mit einer backfrischen Pizza-Salami und einem cremigen Eisbecher mit Schuss ab. Am nächsten Tag folgte dann das Schlendern und Schlemmern durch die Messe-Hallen der alljährlich stattfindenden Grünen Woche, bevor ich mich 24-Stunden später in Begleitung einer guten Freundin bei einem Kochkurs mit anschließendem Vier-Gänge-Menü inklusiver Weinprobe habe abfüllen lassen! Alles war wieder so wie früher – nur noch schöner!

Viel Zeit hatte es nicht bedurft, um einzusehen, dass ein Leben ohne glücklichmachende Nährstoffe zwar möglich, aber absolut sinnlos ist! Das Hosenproblem ließ ich übrigens von einer pfundigen Angestellten aus der kleinen Änderungs-Schneiderei gleich um die Ecke lösen – sie ließ einfach überall die Bundsäume raus! Auch Louisa versicherte mir mit einem Schwur auf ihre Zahnspange, kein überflüssiges Gramm mehr an meinem Körper orten zu können! Diesen Meineid beging sie vermutlich nur, um mein dauerhaftes und missmutiges Gemüsegeknautsche nicht mehr länger ertragen zu müssen! Fazit meiner „Maloche": alles in allem eine wundersame Erfahrung; empfehlenswert allerdings nur für vollleibige Masochisten; ansonsten – Daumen runter!

Eine Hommage an eine gute Freundin
Zeit zum Gratulieren

Es ist an der Zeit, sich von Zeit zu Zeit die Zeit zu nehmen, um sich der Zeitgeschichte – also dem Zeitgeschehen – rechtzeitig zuzuwenden!

Bereits in der Eiszeit, in der Steinzeit oder Bronzezeit galt eine Zeiteinteilung als unverzichtbar – allein schon wegen der Gezeiten! Im Zeitalter der Zeitnehmer, der Zeiterfassung, des Zeitlohns und der Zeitlupe verfügen Zeiträume, Zeitspannen und Zeitabschnitte nur noch über einen zeitlich begrenzten Zeitwert!

Zeitlebens wird der Zeitfaktor als eine Art Zeitbombe mit Zeitzünder empfunden. Ist es da noch zeitgemäß, mit Zeitzeugen und Zeitgenossen bzw. Zeitgenossinnen – wenn auch nur zum Zeitvertreib! – eine Zeitlang, unter Einbeziehung entsprechender Zeitdokumente, alte Zeiten im Zeitraffer zu zelebrieren?

Jederzeit! Zu jeder Zeit!

Gerade weil Zeitgefühle im Sog des Zeitdrucks und des Zeitmangels zu verkümmern drohen; weil das Zeit finden – der Besinnung zuliebe – in Konkurrenz zur Zeitvergeudung zu stehen scheint; weil das Zeit gönnen – dem anderen Aufmerksamkeit schenken – dem Zeitgeist der Zeitverschwendung widerspricht!

Alles nur eine zeitweilige Zeiterscheinung?

Wurden Wandzeitungen zu Urzeiten noch unter enormem Zeitaufwand zelebriert, werden gegenwärtig Zeitschriften und Tageszeitungen – unter Berücksichtigung weltlicher Zeitverschiebungen

– nach genauem Zeitplan und gezielten Zeitvorgaben zu exakten Uhrzeiten den Zeitungsvertriebsstellen zugeführt. Zeitgewinn? Verlorene Zeit?

Keine Zeit haben – setzt Eile voraus;
Zeit einfach vergessen – ist hoher Genuss;
Zeitlosigkeit – steht für nachhaltige Qualität!

Zurzeit nehme ich mir alle Zeit, um dir – liebe Ines – nicht zeitversetzt, sondern zum richtigen Zeitpunkt alles Liebe und alles Gute für die kommende Zeit zu wünschen!

Mit der Botschaft, dir genügend Zeit zu nehmen, solange das Zeitfenster noch weit offen steht, grüßt ganz herzlich und gratuliert ziemlich zeitgenau

Wolfgang – ein Zeitdieb?

Bettenhaus II

Hatte ich mich erst neulich wieder darüber gewundert, noch nie die Vorzüge eines sich in einem Krankenhaus befindlichen Patienten in Anspruch genommen zu haben? War es nicht verblüffend, wie rücksichtsvoll, ja fast empathisch das Pflegepersonal mit meiner im Zimmer 4a untergebrachten guten Freundin Konni umging? Mit welch hoher Geschwindigkeit und medizinischer Fachkompetenz die Unter-, Ober- und Chefärzte die ausgewiesenen Krankheits- und Kurvenverläufe zu interpretieren imstande waren? Ja doch! Die dort Praktizierenden spielen schon in einer anderen Liga als mein unterprivilegierter Hausarzt, der grundsätzlich nur an Krankschreibungen, Rezepten, AOK-Verordnungen, Pulsmessungen und Reizhusten herumdoktern darf. Andererseits fallen seine einfachen, jedoch nicht abrechnungsfähigen Ratschläge schon in den nebulösen Bereich der Nachhaltigkeit; erinnere mich noch sehr genau, wie ich damals bei ihm mit meinem Sohn aufkreuzte, der sich mit einem schmerzhaften Gerstenkorn herumplagte, und der Herr Doktor ihm mit einem süffisanten Lächeln zuflüsterte „den Korn doch bitte im Auge zu behalten"...

Beeindruckt von der individuellen Versorgung meiner Freundin und fast schon ein bisschen neidisch auf das gesamte All-inclusiv-Paket, das man ihr dort hat zuteil werden lassen und das mir sicherlich auch gut zu Gesicht stünde, verließ ich mit einer gewissen Begeisterung das Hospital, wohl wissend, dass es im Betreuungs- und Unterbringungsbereich sogar noch reichlich Luft nach oben geben dürfte!

Doch all' meine fantasiereichen Gedanken, die auf einen sprichwörtlichen „Klinik-Urlaub" hinaus liefen, fielen in dem Moment wie ein fragiles „Krankenhäuschen" zusammen, als mir mein Internist bei der jährlichen Routineuntersuchung mit besorgniserregender Mine eröffnete, in meinem Körper eine Organveränderung diagnostiziert zu haben, die seiner Meinung nach einen baldigen stationären Klinikaufenthalt nötig machen würde!

Überschattet von meinem inneren Veränderungsprozess fahndete ich in der medizinischen Abteilung unserer aufwändig restaurierten Bezirks-Bibliothek akribisch nach sämtlichen infrage kommenden Behandlungsstrategien, holte Informationen von anderen Medizinern und Betroffenen ein, schloss mich im Internet mehreren Diskussions-Foren an, um mich hinsichtlich meiner körperlichen Havarie mit allen kompetenten Fachleuten zukünftig auch konstruktiv und auf Augenhöhe auseinander setzen zu können! Was für ein Trugschluss!!! Denn je mehr ich über differenzierte Analysen, Anamnesen und Therapien erfuhr; je tiefer ich in die komplizierte Materie wissenschaftlicher Gutachten einstieg und Krankheitsverläufe methodisch und penibel durchforstete, desto angsteinflößender erschien plötzlich mein von mir eher heruntergespieltes Krankheitsbild!

Statt Gedankenklarheit und festen Boden unter den Füßen, spürte ich wegen der unterschiedlich bewerteten Behandlungsmethoden etc. mehr Verunsicherung und Druckpotenzial als je zuvor! Doch nach Beendigung der medizinischen „Elefanten-Runde", die unter dem Pseudonym „interdisziplinärer Besprechungszirkel" den Schein der Weisen darstellte und der sich aus einem Strahlen-, einem Facharzt und einem Operateur zusammensetzte, entschied ich mich endgültig für eine aus meiner Sicht optimale Problemlösung, zumal sich bei der Entscheidungsfindung im Kreis der medizinischen Koryphäen keine neuen Erkenntnisse abzeichneten, die meine favorisierte Therapie noch hätte beeinflussen können. So rückte denn der Krankenhaustermin immer näher – unaufhaltsam!

Mit meiner voll bepackten, zweckentfremdeten Tennistasche anreisend ließ der erste Dialog in dem von mir ausgewählten Klinikum auch nicht mehr lange auf sich warten: „Guten Morgen, ich bräuchte mal eine Auskunft", stammelte ich ziemlich aufgeregt die allgemein gebräuchliche Höflichkeitsfloskel durch das Sprachloch des Informationsschalters, hinter dem eine gedrungene, resolute Dame mit Schlips, Weste und leichtem Schnurrbartansatz die Fragesteller abzufertigen pflegte.

„Sie wünschen?", schallte mir eine durchdringende Mikrofonstimme und ein erwartungsvoll strenger Blick entgegen. Verzweifelt suchte ich nach einer schlüssigen Antwort und nach meinem Einweisungsschein, aus dem doch alle notwendigen Angaben hervorgingen und den ich vor wenigen Minuten noch griffbereit in meiner Hosentasche wähnte. Und nachdem ich trotz größter Anstrengungen nicht in der Lage war, das aussagekräftige und mich vor weiterer Peinlichkeit schützende Dokument aus meinen Jeans zu zotteln, bildete sich zwischenzeitlich außerhalb der gekennzeichneten Diskretionszone eine unüberhörbar grummelnde Menschentraube, die offensichtlich nicht schnell genug ins Koma fallen konnte.

Um noch ein bisschen Zeit für meine schweißtreibende Suchaktion und für die Bewältigung meiner plötzlichen Erinnerungslücken gewinnen zu können, setzte ich mit verbaler und von Herrn Stoiber perfekt entwickelten Kommunikations-Akrobatik das Gespräch mit Frau Nicht-gut-Kirschen-essen fort: „Ich bin ... äääh ... ich muss ... ähhh ... soll mich heute ... ähhh ... hier melden, und zwar um ... äh ... neun Uhr!"

Mit strenger, mürrischer Mimik und nach oben fuchtelnden Armen machte Madame „Gnadenlos" ihrer Ungeduld Luft: „Wollen se inne Chirurgie, inne Neurologie oder vielleicht gleich inne Pathologie?", ranzte sie mich an! „Mein Enkel macht sich für solche Fälle imma nen Spickzettel!", setzte sie süffisant und mit der flachen Hand auf ihre Stirn tippend noch einen drauf! „Ich muss zur Station 8a", unterbrach ich erleichtert über meinen Geistesblitz ihren ironischen Kommentar; und bevor ich noch weitere Fragen stellen konnte, sprudelte es schon aus der programmierten „Wegweiserin" heraus: „Bis janz nach vorne loofen, durch die Glastüre durch, denn nach links bis zum Kiosk und dann rechts weiter bis zu den Fahrstühlen 13 bis 17 – allet verstanden?" Ohne überhaupt meine Reaktion abgewartet zu haben, fuhr sie im noch schnelleren Tempo fort: „Im 8. Stock aussteigen, rechts halten, links den schmalen Gang bis hinten hin, dann im Halbkreis um die Ecke bis zur Anmeldung, okay?!"

Puuh, hier wehte aber ein anderer Wind! Hier waren die Anforderungen entschieden höher als am Fahrkartenschalter der Deutschen Bundesbahn! Im Bewusstsein, mich unterwegs sicherlich noch ein paar mal neu orientieren und informieren zu müssen, steuerte ich step-by-step die „heiligen" Fahrstühle an, wobei ich auf meiner Reise durch das Hospitallabyrinth einen Blumen-, einen Zeitungs- und einen Schokoladenladen streifte, denen noch ein weiterer Obst- und Gemüseladen sowie eine Dessousboutique und eine kleine Buchhandlung folgen sollten. Hinter der Glastür, die mir das beruhigende Gefühl vermittelte, noch nicht vom rechten Weg abgekommen zu sein, führte mich meine anschließende Route noch an einer Drogerie, einem Foto-Fix-Häuschen, an einer katholischen, einer evangelischen Kirche und an einer kleinen Moschee vorbei! Hm, war ich eigentlich noch im Krankenhaus oder gab es etwa eine direkte Verbindung zum nahe gelegenen Einkaufscenter? Meine Skepsis war jedoch unbegründet, denn weder H&M noch New Yorker oder Burger King – die typischen Brutstätten einfallsloser und uncharmanter Einkaufsmeilen – hatten meine Blicke gekreuzt.

Pünktlich wie sprichwörtlich die Maurer erreichte ich das Anmeldezimmer meiner Ziel-Station, deren geschlossene Tür mit einem lapidaren Hinweis „Eintritt nur nach Aufforderung" und der Abbildung eines knallroten Zeigefingers veredelt war, der wiederum kommentarlos auf einen an der Wand befestigten Markenausgabeautomaten hinwies! (Zur Begrüßung und zur Verdeutlichung der dort herrschenden Atmosphäre hätte an Stelle des Zeigefingers m. E. auch ein aufrecht stehender Mittelfinger gereicht, denn Patienten gingen denen offensichtlich nicht nur an der Beschilderung, sondern auch am Arsch vorbei!) So fehlte eigentlich nur noch eine Karikatur mit der entsprechenden Sprechblase: „Kranke ohne Nummer müssen leider draußen bleiben"! Darüber hinaus vermittelte mir das rege Treiben und die Fluktuation auf dem schmalen fensterlosen Flur, in dem aufgereihte morsche Holzstühle und unappetitlich versiffte Holztische dennoch eine geschlossene Einheit bildeten, das Gefühl, mich inmitten einer lausigen Kfz-Meldestelle zu befinden, aus der ein keimfreies und unbeschädigtes Entrinnen auch kaum möglich ist.

Die Aufnahmeprozedur empfand ich als Teil eines effizienten „Durchlaufkonzeptes", das jedoch höchste intellektuelle und körperliche Ansprüche an mich stellte. Spätestens bei der lückenlosen Auflistung meiner bisherigen Krankheiten, der an mir durchgeführten medizinischen Eingriffe, meiner bevorzugten Medikamente sowie bei der Offenbarung meiner unverzichtbaren Sozialkontakte überkam mich das Gefühl des kompletten Nacktseins und der inneren Leere! „Ja, ja, das Verhör dient doch nur als Grundlage weiteren operativen Handelns", versuchte ich mir die eher peinliche Prozedur schön zu reden; dennoch erschloss sich mir nicht ganz der Sinn der Frage nach der Häufigkeit meiner Sexualkontakte....

Im Nebenraum folgte dann ein unspannender und wortlos durchgeführter Gesundheitscheck, der u. a. eine Blutabnahme, ein EKG, eine Größenvermessung (vermutlich wegen der Sargmaße!) und die Abgabe einer Urin-Probe umfasste, die ich ausnahmsweise nicht unter Anleitung einer Krankenschwester herauspressen musste!

Nur bei der Aussage, welche Personen denn im Falle meines Ablebens benachrichtigt werden sollten, wurde mir ein bisschen mulmig, was aber vielleicht auch daran gelegen haben könnte, dass es inzwischen fast zwölf Uhr schlug und ich immer noch nichts – mal abgesehen von meinem Unbehagen – im Magen hatte!

Im fließenden Übergang wurde ich dann an einen jungen dynamischen „Noch-nicht-ganz-fertig-Arzt" weiter gereicht, der in der Stationshierarchie zwar noch weit hinter der Hauswirtschafterin und der Raumpflegerin rangierte, mittels angewandter dreiminütiger Ganzheitsuntersuchung aber über meine Op-Tauglichkeit zu entscheiden hatte. (Vergleiche mit etwaigen Bundeswehrpfuschern, die damals mit ähnlichen „Intensiv-Behandlungen" gegen angebliche Drückeberger zu Felde zogen, wären durchaus legitim!)

Mit (m)einer inzwischen immer stärker angewachsenen Patienten-Akte, aus der nun endgültig alle operationsrelevanten Daten, Befunde und Prognosen entnommen werden konnten und über die sich vermutlich jedes Call-Center glücklich hätte schätzen können, rückte ich der zuständigen Anästhesistin auf den Pelz, deren Büro über einen großflächigen Mittelgang zu erreichen war, auf dem sich mehrere kreuz und quer stehende Betten gegenüber standen, in denen nicht nur schmutzige Bettwäsche und Handtücher, sondern vor allem Patienten mit diversen angeschlossenen Sonden, Schläuchen und anderen blutverschmierten Behältnissen geparkt waren! „Sind die noch am Leben? Oder doch nur bewusstlos? Schlafen die vielleicht noch? Oder schon wieder?", schoss es mir durch den Kopf; und spätestens nach diesem Schreckensbild wurde mir klar, hier nicht in einem 5-Sterne-Hotel abgestiegen zu sein. Und selbst der gut gemeinte Hinweis der Anästhesistin, dass nur 0,01 % aller Narkotisierten (also immerhin noch etwa 10 von 100.000) nicht mehr erwachen würden, konnte meine angeschlagene Befindlichkeit nicht mehr stabilisieren.

Fest entschlossen, mich von derartigen Sentimentalitäten nicht herunter ziehen zu lassen, wagte ich den aufrechten Gang in Richtung Schwesternzimmer. „Guten Tag, bekomme ich bei Ihnen den Schlüssel für meine gebuchte Suite mit Terrasse und Meerblick?", eröffnete ich mit einem inneren Augenzwinkern die Kommunikation, doch der von mir ad hoc gewählte Einstieg ging voll in die berühmt-berüchtigte Hose, denn das an den Schreibtischen versunkene und tief in sich gekehrte Personal erschreckte nicht nur, sondern fühlte sich offenkundig auch ernsthaft nicht ernst genommen! Im Nu erhoben sich wie synchron gesteuert sämtliche anwesenden Schwesternköpfe; und Dank ihrer spontan kreierten Körperdrehung war es ihnen mit starrem Gesichtsausdruck und heruntergezogenen Mundwinkeln gelungen, sowohl optisch eine gewisse Solidarität erkennen zu lassen als mir auch mit gebündelter Sehkraft und verächtlichen Blicken deutlich zu signalisieren, dass für humoristische Einlagen auf dieser „Pflegestufe" ein absolutes „No-Go" bestehen würde! (Also ganz ehrlich, Loriot hätte an der ausgefallenen Situationskomik sicherlich auch seine helle Freude gehabt, denn eine groteskere Inszenierung wäre wohl nicht mal dem großen Meister des anspruchsvollen Humors gelungen!)

Upps!!! Glücklicherweise durchbrach Schwester Astrid das unvorhergesehene Schweigegelöbnis und den auf mich gerichteten Bannstrahl, indem sie sich von ihrem Sitz erhob, mir lächelnd die Hand reichte, mich herzlich willkommen hieß und mir auf dem Weg in mein Zimmer charmanten Begleitschutz gab! Mich hatte Frau im Raum 3b platziert, in dem sich neben zwei kleinen Tischen, zwei Hockern noch ein bereits erschöpftes, schnarchendes und fortwährend pupsendes Individuum befand, das den Schlaf der Gerechten zu halten schien! In den nächsten Tagen sollte ich also hier meine Träume in dem noch freien fahrbaren Kuschelbett direkt am Fenster austräumen, das wegen der Suizidgefahr neben einer Außenjalousie zusätzlich noch durch mehrere unüberwindbare Gitterstäbe gesichert war. Nun denn, es waren schlussendlich genau diese deprimierenden Rahmenbedingungen, die mich daran hinderten, die mir kredenzte Suppe wirklich auch auszulöffeln (wegen der am nächsten Morgen anstehenden Op sollte mein Verdauungstrakt allerdings eh nicht unnötig belastet werden!); stattdessen ließ ich mir den Nachtisch, der aus bunten Pillen und farbigen Säftchen bestand, genüsslich auf der Zunge zergehen...

Nachdem mir mein inzwischen erwachter Bettnachbar mit seinem ersten Augenaufschlag sofort das Du anbot und mich detailverliebt in seine gesundheitlichen, familiären und beruflichen Problemfelder einweihte, befürchtete ich, mich wegen meines höflichen Zuhörens allmählich selbst um die notwendige Nachtruhe zu bringen. Statt weiterhin mit meinen Interesse heuchelnden Grunzlauten den langatmigen und nervigen Monologen des mitteilungsbedürftigen Pupsacks zu folgen, zog ich es vor, die akustische Notbremse zu ziehen und mich der Erfolg versprechenden Strategie des bereits schlafenden Kumpels zu bedienen – schließlich war der operative Count-down auf „Sechs-Punkt-Null-Null" programmiert!

Den medizinischen Eingriff optimal überstanden landete ich noch leicht benommen wieder in die Hör- und Reichweite des permanent quakenden Quälgeistes, der nur darauf zu warten schien, mich erneut mit seinen neu gewonnen Hospitalen Erkenntnissen betäuben oder gar in den Wahnsinn treiben zu wollen. Denn ich spürte neben dem enormen Harndrang instinktiv auch seine impertinente Musterung meines noch leblosen Körpers, der zur Informationsverarbeitung noch längst nicht bereit war. Ungeachtet dessen suchte „Mister Ungeduld" immer wieder den verbalen Kontakt: „Hallo Wolf, bist du wach?", schallte es mehrmals durch den Raum – doch aus reinem Überlebenstrieb schlüpfte ich erneut in die Rolle des scheinbar Mundtoten und blieb ihm bis auf weiteres eine respektable Antwort schuldig! Dass ich indirekt mein vorzeitiges Verlassen der Klinik auch ihm zu verdanken hatte, lag an meiner in der Not geborenen Taktik, mich mittels ausgedehnter „Tagesausflüge" seinen verbalen Attacken entzogen und somit den Heilungsprozess vermutlich auch beschleunigt zu haben!

Den Löwenanteil an meiner schnellen Genesung hatte allerdings – neben der gelungenen feinmotorischen Arbeit des Operateurs – meine 13-Jährige Tochter Louisa, die ihre restlichen Ferientage recht intensiv in meiner Nähe verbrachte, mir immer wieder mit einem „Sei-Tapfer-Teddy" Mut zusprach und meine trostlose Zimmerecke in eine mit Blumen und Obst dekorierte Lounge verwandelte! Darüber hinaus gewährte sie mir Einblicke in ihr turbulentes und dramatisches Teenagerdasein, so dass ihre damaligen „Verhaltensdefizite" heute einer völlig neuen Betrachtungsweise unterzogen werden müssten ...

Meiner blühenden Fantasie, sich während eines Krankenhausaufenthalts von femininen Händchen bedienen, maniküren und massieren zu lassen; womöglich mit attraktiven Schwestern und sympathischen Bettnachbarn nächtliche Pyjamapartys organisieren oder nach stressigen Bewegungstherapien prickelnde Entspannungsszenarien genießen zu können, hatte die Realität brutal ein Ende gesetzt! Von wegen „Klinik-Urlaub"! Nur blanke Theorie! Krankes Kopfkino!

Bliebe höchstens noch zu erwähnen, dass mich letztlich wohl doch noch einige Schwestern in ihr Herz geschlossen haben müssen – anders kann ich mir die Auszeichnung „Patient des Monats", die mit einem Sachpreis in Form einer Tablettendose, zehn Fieber-Zäpfchen und einer Parkscheinlochung prämiert wurde, nicht erklären und die ich mir angeblich damit verdiente, niemals die „Nothilfe-Klingel" bedient, immer pünktlich die Mahlzeiten eingenommen und als einziger Kerl der Station täglich die Dusche und das Klo ohne fremde Hilfe aufgesucht und benutzt zu haben – an eine Titelverteidigung denke ich aber trotzdem nicht!!!

Wulffen versus Gauckeln

Als damals der Wulff mit seinen Geißlein und nicht Gauck mit seinem Evangelium ins Schloss Bellevue einzog, konnte ich die Vorbehalte der „Linken" gegenüber dem Ostprediger sogar verstehen; die Zustimmung der Schwarz-Gelben für den Provinz-Fürsten aus Großburgwedel jedoch nicht in Gänze. Nun wird mit etwas Verspätung – eigentlich eher das Kerngeschäft der Deutschen Bahn – der selbsternannte Bürgerrechtler aus der ehemaligen DDR in Gänsefüßchen, wie der Arbeiter- und Bauernstaat über Jahrzehnte von Axel Cäsar Springer und dessen Verlagshaus am Checkpoint-Charlie tituliert wurde, das Mobiliar seines Vorgängers austauschen und die Bilder in den Fluren und Gängen umhängen beziehungsweise ergänzen müssen! Vorausgesetzt, die „Superillu", ein Presseorgan, das die politische Wende vermutlich dank kapitalistischer Medikamente inform von Geldspritzen überstand, hängt unverhofft doch noch ein paar Jugend- oder Kirchensünden des Pastors an dessen heilige Glocken, über die dann der Kirchendiener ins Schleudern geraten könnte!

Okay, mit dem Wulff hat uns die Uckermarker Pfarrerstocher einen Schnäppchenjäger aufgedrückt und damit auch gleichzeitig den letzten verbliebenen Konkurrenten ihres Umfeldes entsorgt; doch den Gauck-ler aus Rostock hat ihr der eigene Partner im gelben Sack vors Schloss gelegt.

Wulff ist eben nicht über eine Medienkampagne zu Fall gebracht worden, wie es seine Sprach-Bataillone a la Hinz' & Kunz' auf vielen Kanälen ausposaunten, sondern er ist ganz allein über sich und seine realitätsfernen Berater gestolpert! Wer sich im Parlament als oberster Dienstherr in zwiespältige und irreführende Aussagen manövriert und später als Staatsoberhaupt mittels Kriegs-Androhungen und

Pöbelattacken Einfluss auf die Berichterstattung nehmen will, hat allein schon aus diesem Grund jeglichen Respekt verwirkt und seinen Vertrauensvorschuss verplempert! Und mit all' den anrüchigen, auf sein Vorteil bedachten „Ausflügen in die Welt der Reichen und Schönen" hat sich der Osnabrücker „Möchtegern-Präsident" zu dem gemacht, was er heute ist – eine nachhaltige Witz- und Karnevalsfigur! Der „Haben-Haben-Niedersachse" hätte dennoch eine Chance, sich als halbwegs ehrenwerter Kerl vom Volke zu verabschieden, wenn er nämlich die von ihm begangenen Fehler öffentlich eingestehen würde und darüber hinaus auf den „Ehrensold" und auf alle weiteren Vergünstigungen wie Büro, Dienstwagen, Personal etc. verzichtete" – doch bei seiner ausgeprägten „Mitnahme-und-Umsonst-Mentalität" müsste er schon gehörig über die Schatten seines hypothekenschweren Klinkerhauses springen!

Ist es andererseits nicht auch Ausdruck gelebter Demokratie, dass in unserer von Moralaposteln durchsetzten Gesellschaft ein in wilder Ehe lebender Gläubiger dennoch zum Staatsoberhaupt gekrönt werden kann? Das Murren innerhalb der schwarzen Bibelstunden war auch nur ein verstecktes bayerisches Räuspern; etwas angriffslustiger hat man dem Gutmenschen allerdings seine umstrittenen Aussagen gegenüber der „Occupy-Bewegung" vorgehalten, die gegen die Macht der Finanzindustrie protestiert und die der Herr aus Schloss Bellevue als „irrsinnig" bezeichnete! Übel genommen haben ihm auch viele fromme Hirten seines „Wahldepots", dass er dem geldgeilen Populisten aus der Sozialdemokratie statt Irrsinn sogar noch „Mut" für dessen Verbreitung schwachsinniger und auf schlampige Recherchen aufgebauter fremdenfeindlicher Absonderungen attestierte! Ein weiteres Fettnäpfchen, in das der 72-Jährige Würdenträger stapfte, ist inzwischen zu einem Fass ohne Boden geworden! Die Hartz IV-Gesetzgebung mit den sozialen Einschnitten hält er für „lobenswert"; den 10-jährigen Afghanistankrieg für richtig und nötig! Und sein ewiges Daraufbestehen, dass die „Freiheit" das höchste Gut in jeder Zivilisation sei, dürfte einerseits seiner hinter Stacheldraht und Selbstschussanlagen geschuldeten Vergangenheit sein, lässt aber andererseits auch eine deutliche Unsensibilität und ein defizitäres Gespür für die glücklicherweise mit der Freiheit überversorgten Menschen in unserem Land erkennen, denen die Frage der „Gerechtigkeit" weit mehr am Herzen liegt, zumal sie in Permanenz um ihren Arbeitsplatz und somit auch um ihre Existenz bangen.

Wenn schon nicht die Mindestlöhne, die Geburtenraten und die Pisa-Noten expandieren, dann doch wenigstens unser aller Toleranz. Oder? Bei uns dürfen endlich auch Schwule und Lesben heiraten (ein Ehegattensplitting wird ihnen allerdings noch verwehrt!) und adlige Betrüger in den Talkshows sitzen, statt im Knast! Selbst Totschlägerinnen werden von den Moderatoren charmant durch die Sendezellen geschleust! Der (Fußball-)Kaiser untermauerte Beifall heischend seine Leistungsfähigkeit, indem er bei einer Weihnachtsfeier folgenschwer (s)eine Kerze zündete, und die Bum-Bum-Ikone, das sportliche Vorbild einer ganzen Generation, verwandelte in der Wäschekammer mal eben einen alimentenpflichtigen Matchball! Das alles konnte uns nicht aus der moralischen Fassung bringen! Nicht mal, als der Christ-Soziale Freistaats-Präsident grinsend fremde Betten und deren Inhalt bestieg, was dem Jodel-Playboy eher noch einen Sympathiezuwachs bescherte! Dass unser Wetterfrosch hinter den Dünen den Weibchen allerlei Sonnenschein sprachrohrte, um seine Bienen schlussendlich besteigen zu können, verfolgten wir mit regem Interesse; den Außenminister und den Flughafen-Loser akzeptieren wir inzwischen als coole warme Brüder, ebenso den gelben Wirtschaftsminister mit Migrationshintergrund wie auch den Brutal-Rapper mit seinen diskriminierenden Texten, wofür der sogar noch einen Integrations-Bambi verliehen bekam! Der noch immer allgegenwärtige Dicke aus Dingsda darf weiterhin ungestraft sein Ehrenwort über die Verfassung stellen und der Finanzminister rollt trotz seiner Spendenskandalverwicklung immer noch mit seinem heißen

Stuhl über die Berliner Reichstagsbretter. Mal abgesehen von den liberalen Dummschwätzern, die in der Opposition auf Abschaffung eines Ministeriums drängten, um es später bei der Übernahme sogar noch aufgebläht zu haben, leisten wir uns Verbrecher, die gegen Zahlung einer Kaution wieder auf freien Fuß gesetzt werden, und Stromnetzbetreiber, die die Höhe ihrer Gewinne selbst festlegen! Es stört uns nicht wirklich, wenn Ölgesellschaften untereinander die Preise absprechen und wir an den Zapfsäulen entsprechend zur Kasse gebeten werden; wenn Banken ihre Gewinne bunkern, aber ihre verzockten Verluste von uns Steuerzahlern begleichen lassen. Wir schauen vom Balkon aus zu, wie sich Arbeitnehmer mit Spruchbändern durch die Straßen pfeifen, um mehr Netto vom Brutto zu ertrillern, während diverse Bosse ein Unternehmen nach dem anderen gegen die Wand fahren und mit Millionen-Abfindungen getröstet werden! Finanzjongleure häufen in unserem Sozialstaat Vermögen an, das sie den geprellten Kleinsparern ganz legal abluchsen dürfen, und Neonazis können seit Jahren klammheimlich morden, weil sich der Verfassungsschutz lieber den Kommunikationsgebahren (aus-)gewählter Politiker widmet! Wie lange können Volks-Vertreter die Wutbürger eigentlich noch in Schach halten?

Die Liste der Ungerechtigkeiten ließe sich grenzenlos fortsetzen, wobei ich wieder bei unserem pastoralen Messias aus dem Tiergarten angelangt bin, der sich zwar auf die „Freiheit" kapriziert hat, das Spektrum seines Handelns wohl aber noch längst nicht ausgeschöpft zu haben scheint. Ob er die geheimen Wünsche seiner Untertanen erfüllen, sein Füllhorn doch noch mit der Gerechtigkeitsfrage anreichern kann und darüber hinaus barfuß über die Havel zu laufen imstande sein wird – bliebe abzuwarten! Geben wir dem Gelobten eine Chance.

Fitnessstudio

Das Bettenbeziehen gehörte wahrhaftig noch nie zu meinen favorisierten Haushaltsaktivitäten; schon gar nicht, wenn sich das Wechseln der Spannbettlaken auf die in den Kinder-Hochbetten eingepferchten Matratzen bezog. Und wäre mein Respekt vor Roberts (inzwischen 12 Jahre) chemisch-ökologischem Sachverstand und seiner hochtechnisierten Laserausrüstung nicht so groß, mit deren Hilfe er womöglich stets und ständig etwaige gesundheitsschädigende Keime unter seiner Zudecke hätte nachweisen können – meine artistischen und halsbrecherischen Klimmzüge auf den Sprossen der „Himmelsleitern" fänden höchstens einmal jährlich statt!

Na ja, und dann passierte eben genau das, wovor mich meine Mutter noch zu ihren Lebzeiten immer gewarnt hatte: Bei einem meiner einarmigen Matratzenloopings kam es prompt zu der befürchteten Wirbelsäulenkarambolage, die nur dank des Orthopäden meines Vertrauens in unnachahmlicher Sumo-Ringer-Manier aufgelöst werden konnte. Doch während des medizinischen Würgegriffs müssen dem Knochenhauer meine ganzheitlichen Muskelverspannungen, aber auch seine in dem Quartal noch nicht ausgeschöpften Massage-, Gymnastik- und Wärmeverschreibungen ins Auge beziehungsweise Gedächtnis gesprungen sein! Denn schlussendlich durfte ich mit einem reichhaltigen physiotherapeutischen Anwendungspaket, das sich wie das Vollprogramm einer mechanischen und auf Schonung basierenden Autowaschstraße las, die Praxis wieder verlassen, um mir in tibetischer Ruhe einen professionellen Dienstleister zu suchen, der den hohen Ansprüchen an meine um Nachhaltigkeit besorgte Gesundheit auch gerecht werden sollte. Im Dickicht unzähliger und teils mysteriöser Anbieter googelte ich mir schließlich (m)eine Therapeutin, die in einem Fitnessstudio unter Nutzung aller vorhandenen

Gerätschaften freischaffend ihre Fachkompetenz anbot!

Hm ..., ich musste wohl zu heiß gebadet haben, denn bis dato waren bei mir Fitnessstudios absolut negativ belegt! Das klischeehafte Bild vom ganzheitlich tätowierten Muskelprotz samt Ohrringen, Rolex und Goldbarren am Hals, dessen körperliche Fitness mir immer stabiler vorkam als seine geistige, war für mich stets ein Indiz dafür, dass in den Mucki-Buden noch immer die umläufigen Wortfetzen der „Boah-ey-voll krass-Alter-Generation" das Stemmen und Hanteln dominieren würden! Natürlich hatte ich mich darüber hinaus auch mental auf body-gebildete Super-Models einzurichten, die sich ihre Brüste mit Silikon haben voll pumpen lassen, statt besser ihren oberen Hohlraum flächendeckend abzudichten! Andererseits war ich keinesfalls daran interessiert, das Wesen eines Fitness-Studios zu entmystifizieren – selbst dann nicht, wenn sich beim Hemdanziehen die Ärmel der aufgeblasenen Michelin-Typen ganz von allein aufkrempelten!

Das Telefongespräch mit der von mir ausgewählten Physiotherapeutin verlief sehr viel versprechend, zumal wir uns auch im Nu auf den ersten Behandlungstermin einigen konnten. Wegen meiner zugegebenermaßen latent vorhandenen Vorurteile und meines unbestrittenen Hangs zur kuscheligen Bequemlichkeit, packte ich etwas widerwillig – wie statistisch gesehen übrigens jeder Zehnte! – meine Sporttasche fürs Studio und machte mich auf den Weg in die Welt der Fitten und Starken, die häufig dem Fitness-Wahn verfallen sein sollen, weil angeblich der Schweiß anderer süchtig macht! Okay, bei zirka 6000 Mucki-Buden und nur knapp 1000 Volkshochschulen scheinen sich bei uns langfristig die Maße 90-60-90 (für jeweils ein Bein!) durchzusetzen; die IQs werden wohl weiterhin auf dem Niveau einer 100 Gramm Klitschko-Milchschnitte dahindümpeln!

Über den Parkplatz des Studios, der vermutlich dem des Fuhrparks von Porsche ähnelte (früher hatten die nen forschen Pimmel, jetzt ham se einen Porsche-Fimmel!), gelangte ich zur musikdurchtränkten Rezeption, wo mich in Anwesenheit einer vor sich hin debilierenden Muskelmasse mit Nasenpiercing und Aids-Schleifchen am Lacoste-T-Shirt meine etwa 25-Jährige, ausgesprochen sympathische, megaattraktive und wohltuend kommunikative Therapeutin in Empfang nahm. Unser gemeinsamer Weg führte uns in den vierten Stock des vertikalen Trimm-dich-Pfads, den wir – trotz Fahrstuhls – intuitiv und sehr einvernehmlich per Pedes hochkrakselten – schließlich wollte ich ja auch ein bisschen Eindruck schinden! Doch mit jeder mühsam erklommenen Etage schoss nicht nur mein Puls in die Höhe, sondern blies mir auch ein heißer Nebelschwarm von Überanstrengungen um die Nasenflügel; und bereits im dritten Stockwerk müffelte es schon wie an einem orientalischen Imbiss-Stand mit durchgegartem Nierenauflauf!

Puh! Die oberste und letzte Ebene wies durchaus Parallelen zu einer subversiven Folterkammer auf, in der sich Mädels mit scheinbar festgetackertem Lächeln durch die metallenen Geräte bissen oder konkurrierend auf Laufbändern ins Nirgendwo rannten! Solargebräunte „Medizinschränke mit Atmungsfunktionen" sit-upsten entweder um die Wette oder stemmten stöhnend mit vibrierenden Extremitäten tonnenschwere Gewichte in die verpesstete Luft, dass mir allein schon vom bloßen Anblick her die Peinlichkeit ins Visier schmolz. Helenah, so hieß meine persönliche Kraftquelle, schleuste mich voller Tatendrang und total unaufgeregt durch den Parcours der Eitelkeiten, um schließlich vor der Macho-Garderobe mit einem Fingerzeig auf eine kleine Gruppe separierter Sport-Grufties zu verweisen, die aufgrund medizinischer Indikationen ebenfalls auf dem Parkett umherwuseln und ihre Stirn- und Schweißbänder artig auftragen durften. Was vermutlich als gut gemeinte Motivation angedacht war, traf mich eher wie ein (Keulen-)Schlag, denn schließlich gehörte ich ja selbst zu der weggesperrten Klientel der heilenden

Orthopädie samt gemeinnütziger Bundesärztekammer! Wenig angeturnt von der beweglichen Massendemonstration taumelte ich dennoch sturstracks in die Umkleidekabine, vor der Helenah nicht lange auf mich warten sollte.

Mit Roberts aussortiertem Sponge-Bob-Rucksack unterm Arm und in schlicht gehaltener Sportausrüstung, die aus einer einfachen schwarzen Turnhose und einem mehrfach gewaschenen graustichigen T-Shirt bestand (der Fernseh-Trödel-Trupp würde diese unästhetische Textile wohl eher als einen Designer-Schuhputz-Lappen herabstufen!), signalisierte ich meiner schmunzelnden Begleitung meine aufgesetzte Leistungsbereitschaft. Um die Gymnastikstunde mit der darauf folgenden Geräte-Einheit auch optimal nutzen zu können, war es nötig, uns bis zum anderen Ende des riesigen Bewegungsparks durchzuschlagen, an dem schon diverse Bodenmatten, Gummibälle und andere handliche Instrumente auf ihre Nutzer warteten. Obwohl ich durchaus über ein gesundes Maß an Selbstbewusstsein und -ironie verfüge, schlich ich mit meinem Schwammkopf-Sack wie ein gebeugter Pakistani durch den Saal, der mit seinen Rosen gerade die dritte Runde drehte! Mir war sofort bewusst, dass ich mit meinem Outfit mindestens zwanzig Jahre hinterherhinkte, den Modetrend absolut verpasst haben und Zuhause mit den Händen wohl ins völlig falsche Wäschefach reingerutscht sein musste; denn schließlich befand ich mich ja nicht auf irgend einer Landeshämorrhoidenschau, sondern inmitten eines Trainingslagers für taffe Hardcore-Fighter, wettkampfprobte Bodybuilder und selbsternannte Muskelmaschinen! Doch dem kurzen Moment meiner Selbstreflexion, in dem ich sogar auch ein Stück Neidkultur gespürt zu haben glaubte, entkam ich mit der an Helenah gerichteten philosophischen Frage, ob die sich täglich Quälenden überhaupt wüssten, dass auch sie statt in einen Powerriegel irgendwann mal ins Gras beißen müssten!

Meine spontan begonnene Konversation endete jedoch in dem

Moment, als wir mit den ersten Dehn- und Stretchübungen loslegten, die meine Bauch-, Rücken- und weitere mir unbekannte Muskeln im hohen Maße beanspruchten. Die engagierte Personal-Trainerin entpuppte sich übrigens von Anfang an als eine ausgezeichnete Motivatorin, die jede Übung vor- und mitmachte und die mich mit Lob, Anerkennung und visionären Zielvorgaben immer wieder auf Trab hielt! Mir war es allerdings nicht in jeder Phase der Programmgestaltung vergönnt, den sich peu a peu erarbeiteten Spannungsbogen und die Grundintention meines Handelns, die sich primär an der Stabilisierung meiner Rumpfmuskulatur orientierte, dauerhaft aufrecht zu erhalten. Seltsamerweise schien ich häufiger den Pawlowschen Reflexen ausgesetzt gewesen zu sein, denn immer, wenn das mir gegenüber positionierte weibliche „Winkelement" aufs Laufband sprang, kreuzten sich wie ferngesteuert unsere Blicke. Und da sie minutenlang ihr kleines Gold-Köpfchen unverdrossen in meine Richtung drehte und darüber hinaus ihre Gesichtszüge noch mit einem Dauerlächeln aufpeppte, ging ich von einem provokativen und prickelnden Flirt aus, bis ich bei meiner nächsten Übungseinheit den hinter mir angebrachten riesigen Wandspiegel entdeckte, in den das narzisstische schmale Handtuch permanent hineingrinste…

Von der rauen Realität eingefangen, war ich dann auch wieder gewillt, erneut in den vorgegebenen Rumpfbeugerhythmus einzusteigen, wohlwissend, dem Rost, der sicherlich schon an meinen Gelenken zu nagen begann, endgültig den Kampf anzusagen. Doch meine innere Stimme klang eher wie eine Pantomime mit Refrain, denn das Ablenkungspotential um mich herum hatte inzwischen ein internationales Ausmaß angenommen, wodurch natürlich auch meine gesamte Konzentration ins Wanken geriet. Mal ganz ehrlich, wie sollte ich denn scheuklappend in meinen Bauch oder in meine Gesäßmuskeln hineinhorchen, wenn sich drei halbnackte Russinnen an zwei fest montierten Stangen räkelten, die da glaubten, ihre Selbstverwirklichungsfantasien direkt vor meinen Augen ausleben zu müssen! Hinzu kam ja noch, dass russische Frauen (neben Gazprom) zu den lukrativsten Exportschlagern ihres Heimatlandes gehörten! Glücklicherweise verstand es die „schöne Helenah", meine immer wieder aufflackernden visuellen Verirrungen geduldig und moderat in die geplanten Beckenbodenübungen zu kanalisieren.

Der Gymnastikdoppelstunde, die mit dosiertem Krafttraining und leichtem Auslaufen endete, folgte eine wohltuende Ganzheitsmassage, an die sich eine entspannte Wärmebehandlung inform von heißen Fangopäckchen reihte! Am Ende spritzte ich mir unter der geräumigen Gemeinschaftsdusche nur noch die klebrigen Rückstände der Moorpackung von der Haut, wobei mir die Intim-Glattrasuren der sich in den Nasszellen produzierenden Muskelmänner natürlich nicht verborgen blieben! Mir erschloss sich aber auch sofort der tiefere Sinn jener entwurzelten Schamstellen, denn besonders kleine Gartenzwerge sehen auf einer frisch gemähten Wiese auch immer wesentlich größer aus!

Völlig groggy und total platt verbrachte ich den restlichen Abend in meinem Sessel; und weil mich noch immer juckende Fangospuren auf meinen Schultern nervten, das Fernsehprogramm so flach wie mein neuer Bildschirm war, rief ich schnell noch meine Freundin an, um mich von ihr in den verdienten Schlaf texten zu lassen!!!

Der nächste Tag hielt dann durchaus einem Höllenvergleich stand. Von einer Steigerung meiner Lebensqualität war da noch nichts zu spüren – nun denn, Qualität kommt ja auch von Qualen… Also auf den Punkt gebracht: ich war nur noch in der Lage, Gegenstände zu transportieren, die nicht mehr als ein Marmeladenbrot wogen! Selbst das Schuhbinden stellte sich als eine schier unüberwindbare Hürde heraus; und nach diversen Dehnungen, Muskelanspannungen und Hantelübungen musste ich beim nächsten Einkauf zwangsläufig mein Auto auf dem Behindertenparkplatz abstellen, um mich auf einem Einkaufswagen stützend der Verkaufsfläche nähern zu können. Einige Tage später, aber noch rechtzeitig zum nächsten Termin, war es mir dann doch wieder möglich, an der auf meine Bedürfnisse abgestimmten Behandlungsoffensive aktiv teilzunehmen. Die weiteren Übungseinheiten brachten mich step-by-step in eine wirklich gute körperliche Verfassung, was vermutlich aber auch an dem Wechsel meiner Pausengetränke gelegen haben könnte! Versorgte ich anfangs meine Kehle noch mit profanem Mineralwasser, bot ich ihr später nur noch „Liquid-Lightning-Xtreme-Power-Emphasizer-Drinks an, die doch angeblich versiegte Bächlein in sprudelnde Energiequellen verwandeln würden! An den tierischen Stallgeruch hatte ich mich inzwischen genauso gewöhnt wie an so manch' tiefgründigen Gedankenaustausch, der vom bloßen Kopfnicken über sekundenschnelle Blickkontakte bis zur ausufernden Kommunikation reichte: „Hey, wieder da?" – „Jepp!" …"Geht's?" – „Hm!"…"Tschau" – „Dito"…

Doch zu den Fitness-Freaks schlussendlich noch Eines: Was die alles so stemmten, stießen und hochrissen; mit welcher Präzision und Leidenschaft die ihre Körper stylten und beherrschten – das verdiente durchaus auch meine Anerkennung! Absolut! Meine Skepsis hinsichtlich der trendigen Folterkammern und deren Insassen, die täglich ihre Muskeln mit Eiweiß-Shakes, Vitalkost und Magerquark düngen, konnte ich allerdings nicht im vollen Umfang ablegen. Und bevor ich mich jemals zu einer Mucki-Buden-Mitgliedschaft in Bronze, Gold oder gar Platin entschlösse, ginge ich lieber freiwillig zu einer Magen- und Darmspiegelung – wenn's sein müsste, sogar wöchentlich!

Klassentreffen

Zwischen den alltäglichen Mahnungen, Rechnungen und manipulierten Gewinnbenachrichtigungen dubioser Geschäftemacher fiel mir ein blaues Couvert besonders auf, das ich – wohnte mein inzwischen erwachsener Sohn noch bei mir – glatt für einen blauen Brief gehalten hätte, mit denen die Schulbehörden wohl noch heute ahnungs- und sorglose Eltern(teile) in den emotionalen Abgrund stürzen.

Der Absender der farbenfrohen Depesche, ein gewisser Peter Grollert, sagte mir im Augenblick meiner Wahrnehmung seines Namens aber noch gar nichts – vermutlich wieder so ein Pamphlet eines überforderten und erbosten Ehemannes, dessen Gemahlin sich nach multiplen Sitzungen bei mir ein emanzipatorisches Verhaltensmuster zugelegt hatte, mit dem der Göttergatte nicht klarzukommen schien! Irren ist eben doch männlich!! Der Inhalt jenes beschriebenen Briefes entpuppte sich als ein wesentlich humanerer als der, den ich mir in meiner Fantasie zurechtgeschustert hatte! Es ging schlicht und im wahrsten Sinne des Wortes ergreifend um eine in Versform verfasste und mit Bildern garnierte Einladung zum 40-jährigen Klassentreffen!

Nun war mir plötzlich auch nicht mehr der Absender so fremd; suspekt allerdings immer noch, verbarg sich doch hinter Herrn G. unser damaliger Klassensprecher, der sich weder was aus Fußball noch was aus Mädels machte, niemanden von seinen Hausaufgaben abschreiben ließ, karierte Flanellhemden trug und in Grob-Cordhosen mit hämischem Grinsen auch schon mal die Pausenaufsichten übernahm! Ja! Na klar! Wer denn sonst! Er ist heute – sofern noch nicht im Ruhestand – Bauingenieur! Das Jubiläumskomitee, das neben dem Breit-Cord-Träger noch aus zwei weiteren gruftigen

Pennälern bestand, wählte für das Event eine urige Kreuzberger Kaschemme, in der damals schon der harte Kern unserer Klasse so manches Bier gezischt hatte.

In den darauf folgenden Tagen war ich mehr und mehr damit beschäftigt, meine Erinnerungslücken hinsichtlich der Zusammensetzung unserer Zweckgemeinschaft zu schließen. Ich ging strategisch die besetzten Schulbänke durch und konnte das eine oder andere Milchgesicht durchaus identifizieren. Saß nicht auf dem linken Stuhl des ersten Tisches auf der Fensterseite die... wie hieß sie doch gleich? ... na meine erste Knutschfreundin? ... Puh, mir wurde ganz heiß. ... Hieß die nicht Alberta? Nee! Aber die hatte auch son komischen Namen! Jaaa! Daphne! Daphne Wachsmuth! (Also bei dem Namensfindungsprozess müssen ihre Eltern aber auch hackevoll gewesen sein, denn nüchtern kommt man(n) doch nicht auf so was, oder?)

Daphne, das kleine erotische Luder, hatte mich bei einem Grunewald-Ausflug unangekündigt ins Gebüsch gezerrt, mich zwischen Dornen und Brennnesseln demonstrativ aufgefordert, sie zu küssen und ihren Busen anzufassen, anderenfalls sie schreien und mich der Unzucht bezichtigen würde! Welcher pubertierende Kerl kann sich nicht an den ersten Kuss und/oder an's erste Petting außerhalb der obligatorischen Familien-, Verwandten- und Nenntanten-knutscherei erinnern? Okay, okay, mal abgesehen von dem Silvesterabend, als mir im Hausflur der stark alkoholisierte und über uns wohnende Teenager Rutchen Haaseband auflauerte und mich wie eine läufige Hündin abschlabberte, bis die Schleifchen ihrer Zöpfe sich zu öffnen und zu zündeln begannen! Ansonsten hatte ich keinerlei Berührungen im Umgang mit fremden körperlichen Ausprägungen. Daphne hingegen lehrte mich in Windeseile, wie man(n) einen Zungenkuss entwickelt und wie schnell und unkompliziert ein BH zu öffnen sei – eine Erfahrung, die ich bis zum heutigen Tage verinnerlicht habe!

Um nicht als Triebtäter oder klammheimlicher Casanova in aller Öffentlichkeit gebranntmarkt zu werden, übernahm ich anfangs nur widerwillig die Rolle des ungelenken Liebesgehilfen, der bis dato nur mit seiner Fußballphilosophie und mit der Funktionalität seines kleinen Miniatur-Rennautos inklusive Hohlraumversiegelung beschäftigt war! Mit den kleinen Flitzern lieferten wir uns noch im zarten Alter von 15 Jahren auf den Rinnsteinen der Gehwege regelrechte Formel 1-Schlachten. Die so genannten „Rennerfahrten", bei denen die Rennautos von ihren Besitzern (wir nannten uns Fangio, Moss, Herrmann oder Karl Kling, die mit den heutigen Vettels, Schumachers und Alonsos vergleichbar wären) in ausgeloster Reihenfolge von einer festgelegten Startposition bis zum bestimmten Ziel geschoben werden mussten, waren durchaus wegweisend für jede individuelle Straßenkarriere. Je mehr Siege du eingefahren hattest, desto größer war auch dein Ansehen in der Clique! Mädels waren absolut tabu!

Sollte ich nun etwa wegen Daphne und der durch sie erworbenen Kuss-Kunststücke meine hart erarbeitete Spitzen-Position in der „Piloten-Hierarchie" leichtsinnig und freiwillig aufs Spiel setzen? Andererseits bekamen mir die Nachhilfeminuten in „Daphnes Knutsch-Küche" gar nicht mal so schlecht! Völlig unaufgeregt nahm sie mich – stabil, wie sie nun mal war – in den Schwitzkasten, um mir gezielt und druckvoll ihre Zunge in meinen Mund zu pressen. Und da ich entweder zufällig oder auch reflexartig bei dieser Prozedur meine Hände auf ihren ziemlich breiten Hintern platzierte, verkündete sie nun selbst-bewusst und mit einem Jetzt-hab-ich-ihn-rumgekriegt-Gesichtsausdruck, dass wir ab sofort mit einander gingen würden! Meine Angst, sie könnte unsere akute „Beziehung" noch mit einem Blut-Austausch-Ritual besiegeln, war glücklicherweise unbegründet! Nun ja, wir verabredeten uns noch ein paar Mal, tauschten in dunklen Eingängen leer stehender Abrisshäuser naive Zärtlichkeiten aus, bis sie kurze Zeit später feststellte, dass ihr erster Höhenflug mit mir offensichtlich vorbei zu sein schien. Daphne, bereits ein Jahr älter als ich, ließ mich urplötzlich fallen, angelte sich statt meiner einen pickeligen Weiberhelden, der sie nun regelmäßig mit einem weißen klapprigen VW-Käfer von der Schule abholte. Mein Platz war nun wieder in der Mitte der „Rennfahrer" oder auf dem Fußballfeld am Kanal – gegenüber den Trümmern!

So, nun hieß es, sich der Gruppe abgehalfterter Pennäler im heruntergekommenen Kreuzberger Bierfass zu stellen. Natürlich war ich auf alles gefasst – wer würde sich wohl diesmal mit seinem Haus, seinem Pferd und seiner Yacht an die Spitze der Meistbietenden katapultieren wollen? Eberhard, der arrogante Optiker? Dietrich, der als Banker heftig in die Kritik geraten und an Ansehen verloren haben dürfte? Oder Ulli der Jurist, ein schleimiger Anwalt, welcher nur solvente Klientel vertrat und in der Berliner FDP schon frühzeitig vergeblich den Aufstieg probte? Aber es kämen noch genügend andere Kandidaten infrage, die schon bei dem ersten und einzigen Treffen vor dreißig Jahren um interne Rankingplätze wetteiferten. Erinnere mich noch an „Specki", den tumben Großkotz, der vermutlich das schlichte Pfandhaus seines Vaters zu einem Drogenumschlagplatz veredelte! Denke auch an Birgit, die mir als geldgeile Brosche aufgefallen war, in Immobilien machte und für wenig Engagement reichlich Kohle absahnte! Beim letzten Klassentreffen fehlte übrigens „meine" Daphne – sie weilte, so weit ich mich erinnere, mit Kind und Kegel im Amiland! Und Moni, die damals die gesamte Runde mit einem großen Batzen vergilbter Fotos ihrer eher unansehnlichen Kinder nervte, hatte wohl eindeutig die Arschkarte gezogen – der Vater ihrer drei Kids verschwand spurlos, sie pflegte ihre kranke Großmutter und lebte von der Fürsorge – dem heutigen Hartz IV.

Langsam, mit etwas Verspätung (musste schließlich noch meine beiden „Zwerge" bei Oma und Opa parken) und weichen Knien, näherte ich mich der einzigen langen gedeckten Tafel in der verruchten Kneipe, an der scheinbar mir völlig unbekannte Personen hockten, die schweigend und erwartungsvoll den Blickkontakt zu mir suchten. In diesem Augenblick bedauerte ich zutiefst, mich nicht schon zu Hause mit ein paar Schnäpsen betäubt zu haben! Auf den zusammengestellten Tischen standen kleine angeschlagene Vasen, in denen verstaubte, kitschige Plastikblümchen stramm standen, sowie weiße Papier-Schildchen, auf denen die Geburts-Namen sämtlicher Schüler und Schülerinnen in farbigen Groß-Druck-Buchstaben leuchteten. Brrrr, mir wurde plötzlich eiskalt, erinnerte mich doch die gesamte Atmosphäre inklusive der Rahmenbedingungen an das „Betreute Wohnen", das ich meiner inzwischen verstorbenen Mutter zumuten musste. Es fehlten lediglich die netten, in Schwarz gekleideten Damen mit ihren weißen Häubchen.

Obwohl ich aufgrund meiner Seminararbeit doch eine lockere Kommunikation beherrschte und den Umgang mit Menschen unterschiedlicher Reifegrade gewohnt war, schienen hier und heute meine Stimmbänder zu versagen! Schließlich klopfte ich beherzt auf einen der blank geschorenen Tische und brachte ein eher etwas vorlautes „Hallo allerseits; und für die Weitsichtigen: ich bin immer noch Schippi ohne sichtbare Sehhilfen" über meine trockenen Lippen. Mit dieser spontanen Botschaft wollte ich vor allem meinen Sinn für Humor unter Beweis stellen! Doch niemand der aufgereihten und mit mir gemeinsam gealterten Endfünfziger reagierte etwa entzückt oder euphorisch – eine ausgesprochen peinliche Situation, die ich zu retten wohl nicht mehr imstande gewesen wäre, hätte mich nicht plötzlich wie Phönix aus der Asche eine wild entschlossene, attraktive Persönlichkeit verbal vereinnahmt und mich mit den Worten „weeßte noch, unsere kleene Affäre?" in die Vergangenheit geschubst! „Hey Daphne", setzte ich alles auf eine Karte, „schön, dich zu sehen, hast dich auch kein bisschen verändert?" Mit meinem intuitiv mutigen Feed-back hatte ich großes Glück – es war tatsächlich Daphne und zumindest hatten wir beide an diesem Abend noch unerwartet viel Spaß...

Pubertitis...

Im Grunde genommen ist überhaupt nichts Weltbewegendes passiert, und dennoch lohnt es sich, die emotionalen Achterbahnfahrten und deren Loopings ein bisschen genauer unter die Lupe zu nehmen!

Meine 14-Jährige Tochter Louisa starrte beispielsweise minutenlang gedankenversunken auf ein leeres Stück Papier! Irgendwie schien sie nicht recht vorangekommen zu sein, denn es hatte den Anschein, als grübelte und grübelte sie, ohne zu wissen, worüber eigentlich! Meine eher routinemäßige Frage, ob ich ihr denn behilflich sein könne, beschied sie erwartungsgemäß mit einem lang gezogenen Nein, womit sie mir gleichzeitig zu verstehen gab, von weiteren Interventionen abzusehen! Doch statt ihre ausgesandten Signale zu akzeptieren, verfiel ich mal wieder in mein hoffnungsloses Helfersyndrom und hakte wider besseren Wissens als selbsternannter Samariter mit folgender Formulierung nach: „Geht's um deine Geburtstagsfete?" In Sekundenschnelle und mit einem tiefen Seufzer nebst verächtlichem Blick schmetterte sie mir ein „Papa-du-nervst" entgegen, nahm ihr Blatt und das Telefon, um sich schlussendlich in ihrem Zimmer zu verbarrikadieren! Nun, warum musste ich auch unbedingt...

Selbstkritisch und ziemlich enttäuscht, von meiner Tochter derart abgestraft worden zu sein, kam ich zu der Erkenntnis, dass die Pubertät an sich gar kein Problem ist – problembehaftet dürften wohl eher wir Eltern sein, weil wir Muttis und Vatis immer schwieriger werden und nicht wahrhaben wollen, dass unsere alten Kommunikationsmuster nicht mehr greifen! Die Situation verlangt eben adressatengerechtere Orientierungs- und Verständigungsformen – trichterte ich mir ein; und die müssen umgehend gesucht, erprobt und auch umgesetzt werden, analysierte ich weiter und sprach mir wie ein eifriger Dompteur, der sich in der Manege verirrt hatte, neuen Mut zu! Niemand kann doch von den Pubertanten erwarten, dass sie sich im Dschungel des Erwachsenwerdens sofort zurechtfänden – eine völlig absurde Annahme, zumal doch stets und ständig Unmengen von Hormonen über sie hinweggeschwemmt würden! Mein 13-Jähriger Filius und seine Freunde wüssten doch gar nicht mehr, ob sie die Mädchen aus ihrer Schulklasse verkloppen oder küssen sollten; und wir Erwachsenen missbrauchen wissentlich die Pubertät als Ausrede für alles Unbequeme, für alles Negative – auch für unser eigenes Versagen!

Pubertisten sind übrigens in der Regel nachtaktiv! Sie speisen am liebsten, wenn um sie herum alles dunkel ist, wobei sie – trotz aller Renitenz und ständigen Widerwillens – die elterliche Nachtpräsenz zwangsläufig heraufbeschwören – allein schon wegen ihrer Orientierungslosigkeit, wegen des unbewältigten Abwaschs und wegen der lauten Musik! Während tagsüber noch immer der Drei-Wort-Appell „Ich habe Hunger!" den elterlichen Küchen-Rhythmus bestimmt, scheint die einzige Verbindung zur Außenwelt das Handy zu sein! Zugegeben, meinen Peinlichkeitsstatus habe ich mir nicht gerade hart erarbeiten müssen, denn die Eltern der anderen sind naturgemäß immer viel cooler und viel toleranter. Hatte ich mich jahrelang noch über Louisas morgendliche Kurzaufenthalte im Bad geärgert, gerate ich heute halbwegs in Panik, wenn sie gefühlte Doppel-Stunden das Badezimmer okkupiert und ich befürchten muss, dass sie dort bereits eingezogen sein könnte! Ach je, sie kann es mir offenbar überhaupt nicht recht machen...

Ja! Natürlich wollen Mädchen umschwärmt und Jungens respektiert werden! Pubertät ist eben mehr als nur ein Pickel! Gab ich bis vor kurzem meinen Kids noch Obststückchen und belegte Brote mit in die Schule, damit sie in den Pausen auch genügend zum Wegschmeißen hatten, kriegen sie heute nur noch Clerasil und Tampons in die Brotbox gelegt – ich habe verstanden und dazugelernt! In der Pubertätsphase ist eben alles ein bisschen anders und das Familienleben bekommt einen völlig neuen Stellenwert! Die harmonische Vatter-Mutter-Kind-Idylle gehört der Vergangenheit an; Mama und Papa sind ständig peinlich und mutieren oftmals zu Vollpfosten. Viele Eltern glauben, auf der Stirn der Pubertisten den Warn-Hinweis „Bin für die nächsten drei bis vier Jahre nicht ansprechbar" wahrgenommen zu haben, wobei sie ihre Quälgeister bedauerlicherweise nur noch nach ihren Schulnoten beurteilen – schlimmer geht's nimmer, oder?

In diesem Entwicklungsstadium sind wir Eltern die absoluten Nervensägen, die in dem „System Pubertät" nicht wirklich klarzukommen scheinen! Das Lernen ist für die meisten Pubertisten einfach nur lästig, uncool und strebermäßig; doch um sich die gängigen Kommunikationssysteme wie Facebook, Twitter und so weiter anzueignen, brauchen sie – im Gegensatz zu uns Erwachsenen – nicht mal eine Gebrauchsanweisung! Dennoch reifen die meisten Kids heran, ohne jemals die elterliche Wohnung abgefackelt, Drogen konsumiert und wehrlose Omis ausgeraubt zu haben. Eltern müssen eigentlich bloß lernen, loszulassen und nicht auf die ersten Turbulenzen warten, um alles auf die Pubertät schieben zu können! Manche Muttis und auch Vatis benehmen sich ihren Kindern gegenüber wie Stalker, melden sich u.a. bei Facebook an, spionieren ihnen nach, schnüffeln in deren Handys und sind entsetzt, wenn ihre Sprösslinge permanent abtauchen – ein bisschen Humor wäre die wirksamere Methode als nur dauernd moralzuaposteln! Selbst wenn Verweigerungsrituale, Schwerhörigkeit und Sehstörungen zum Rüstzeug eines jeden Pubertisten gehören und die Mindeststandards aus Chillen, Kohle und Klamotten bestehen sollten, hätten die Teens allemal das Recht, anerkannt und geachtet zu werden! Je weniger Macht und Kontrolle von uns Eltern ausgeübt und stattdessen die Eigenverantwortung der Pubertanten gefördert und gestärkt würde, je partnerschaftlicher eine Balance zwischen Kontrolle und Vertrauen entwickelt werden könnte, desto geringer wären die täglichen Verletzungen und Frustrationsschübe aller Beteiligten – Amen!

Pubertistinnen tauschen nun mal irgendwann ihre Puppenstube wie selbstverständlich gegen eine spannendere Schminkboutique aus; sie verspüren plötzlich einen ungewohnten Duschzwang, wechseln mehrmals täglich die Schlüpfer, ihre Frisuren und ihren Ein-Tages-Freund – na und? Haben denn ihre Mütter nicht auch mit hautengen Hotpants, nivea-verschmierten weißen Lippen und aufgeklebten Wimpern die Kerle an sich reißen wollen? Selbst wenn die Kids heute ihre hübschen glatten Gesichter überflüssigerweise zu Masken herunterschminken – wen juckt's? Doch die Muttis mucken auf, fangen zu motzen und zu kreischen an, denn in solchen Augenblicken leiden sie verstärkt unter einer sporadisch aufbrechenden Tropophobie – der Angst vor Veränderungen! Coole und trendige Eltern werden dagegen von den Pubertanten ausschließlich daran gemessen, ob diese Spezies in der Lage sind, nur im richtigen Moment die Geduld zu verlieren – also im Prinzip nie!

Das Schlimme an der Pubertät ist für viele Eltern, dass sie nicht mehr dazu gehören, weil sie glauben, nicht mehr unbekümmert rumhängen, chillen und knutschen zu dürfen! Und da sie überzeugt davon sind, jene Privilegien an ihren Gören abarbeiten zu müssen, rutschen sie schnell in den Sog des Fremdschämens, so dass manche ihre Pubertisten am liebsten in die Baby-Klappe werfen oder sie unter den selbst verlegten Laminatfußboden verbuddeln würden! Sollten mich meine beiden Pubertanten wieder mal mit einem sprechenden Geldautomaten verwechseln, wäre das ein Indiz für neue bilaterale Verhandlungen, in denen die fiskalischen Obergrenzen neu fixiert werden müssten! Ja, na klar! Pubertät ist nun mal ein hartes Brot und verlangt Flexibilität, Sensibilität und Konsequenz – wenn auch nur von uns Eltern...

In den Schulen wird häufig geprahlt, gemobbt, gejammert und gezockt; es wird denunziert, gegrölt, gequalmt und gesoffen – na was glauben Sie wohl, was dort abläuft, wenn sich erst noch die Schüler dazugesellen? So oder so ähnlich hatte der lehramtsmüde Kabarettist Dieter Nuhr mal augenzwinkernd die Sozialpädagogisierung in unseren Bildungsanstalten verhohnepiepelt. Andererseits habe ich genüsslich feststellen können, wie meine beiden lernresistenten Pubertanten heimlich wieder ihr Kinderspielzeug aus den Schränken holten und sich ab und zu – selbstverständlich unbeobachtet – den gelben Spongebob-Schwammkopf reinzogen!!! Viele der inflationären und völlig überflüssigen Pubertätsflüsterer, die ihre Weisheiten und pseudo-wissenschaftlichen Erkenntnisse mittels Vorträge und/oder in Buchform nur gegen Bares unters Volk streuen, plädieren für klare Strukturen, fortlaufende Gespräche mit den Pubertisten und „stille Treppen" bei Regel-Verstößen! Die haben vermutlich den für's Fernsehen gezüchteten Pubertätszombies zu tief in die Augen geschaut, denn ein durchritualisiertes Leben fördert nachweislich auch eine frühzeitige Demenz!!! Wer mehr Abwechslung und Bewegung in den Alltag transportiert und somit die Kreativität der Pubertierenden anzuregen versteht, muss sich nicht durch endlose Feed-back-Runden quälen, in denen die Anwesenden versuchen, Gefühle zu zeigen, die sie weder haben noch verstehen!

Eltern beklagen darüber hinaus zu recht, dass die textile Ausstattung ihrer Kids auf Markenklamotten reduziert wird und dass sich ihre einstigen Spring-ins-Felder zu wahren Markenenthusiasten entwickelt hätten, weil sie in ihrem Umfeld mit „No-Name-Produkten" fertiggemacht würden! Kleider machen eben Leute – wie Mama und Papa! Doch sobald es in den Schulen zur Abstimmung über eine einheitliche Kleidung kommt, finden derartige Vorschläge nur in den seltensten Fällen eine Mehrheit! Eltern haben zeitweilig regelrecht Schiss vor ihren Pubertisten, weil sie befürchten, von ihnen ignoriert und verdammt zu werden! Manchen Elternteilen steckt womöglich auch noch die eigene Pubertät in den Knochen – so versuchen sich etliche Mütter und Väter in die Subkultur ihrer Pubertierenden zu mogeln, indem sie deren Sprach-, Kleidungs- und Musikkultur uneingeschränkt übernehmen! *Das* ist absolut peinlich und für die Pubertanten wenig hilfreich auf deren Weg durch das Labyrinth der Erwachsenenwelt bei gleichzeitiger Abnabelung von den elterlichen Normen! Oder sollen etwa Fortschritt und Innovationen auf der Strecke bleiben und die Werte der Alten generationsübergreifend auf ewig fortgeschrieben werden?

Nun denn, uns Deutsche liegt ja die Betroffenheit förmlich im Blut! Sie ist unser liebstes Hobby – und erst danach kommen das Jammern und das Schimpfen! Wir Eltern sollten dennoch nicht in ein frömmelndes Gemeinschaftsschluchzen abdriften, sondern uns immer wieder vor Augen führen, dass ein vereinbarter Verhaltenskodex helfen könnte, den alltäglichen Stress abzubauen. Toleranz basiert übrigens auch nur auf dem Verdacht, dass der andere recht haben könnte! Wenn es also überhaupt einen Trost für uns Eltern gibt, dann doch eher aufgrund des Wissens über die Pubertät der Schildkröten – die erstreckt sich nämlich über 15 Jahre…

Liebesbrief
eines Abgefahrenen...

Ich denke an dich –
am Tag und bei Nacht;
egal wo ich stehe,
ich steh' im Verdacht,

total in dich
verliebt zu sein!
Esse und trinke
nur so zum Schein;

laufe zum Fenster,
bin hin und weg;
fühl mich, als wär' ich
ne Made im Speck!

Hab' deinen Duft
noch in der Nase,
Hals und Haare
riechen so toll;

fange an
mich fallen zu lassen;
träume in Dur
und manchmal in Moll!

Und bin ich erst richtig
in Fahrt gekommen,
lieg' auf dem Boden -
fast wie ein Brett;

ist mir schnell
der Verstand genommen,
ich steh' nicht mehr auf,
geh' nicht mehr ins Bett!

Spür' deine schlanken,
runden Formen;
deinen süßen
knallroten Mund;

schere mich nicht
um gängige Normen;
bin gedanklich
schon ziemlich wund!

Es piept mein Handy,
...Zeilen von dir!
Ich will sie nicht lesen,
sie gelten zwar mir:

„Bin jetzt im Flieger
mit Mann und Maus!",
so die Info –
ist es jetzt aus?...

Das Seitensprungsyndrom

Die handschriftlich verfasste Einladung löste flutartige Gefühlswellen in mir aus, denn schließlich bezog sich das an mich gerichtete Schriftstück nicht auf eine x-beliebige Grill- oder Geburtstagsfete! Nein! Vielmehr verkündeten Eva und Klaus mit humorvollen und anlassgerechten Gedankensplittern ihre bevorstehende silberne Hochzeit, wobei sie als Schmankerl die Kopie eines leicht vergilbten Mottenkistenfotos hinzufügten, auf dem sie sich als Spätpubertierende gegenseitig einspeichelten! Und da in unserem heutigen Hochgeschwindigkeitskommunikationszeitalter Nachrichten in Briefform zu den absoluten Raritäten gehören, war ich mir der Bedeutung des Umschlages sehr bewusst...

Die Jubilare gehörten zu den ganz wenigen mir bekannten Paaren, die selbst noch nach Jahren der Zweisamkeit den Hafen der Ehe nicht zu einem Kriegshafen haben verkommen lassen! Nun gut, die Ehe war kinderlos und infolgedessen auch nur mit überschaubarem Streitpotenzial belastet – so gesehen bestand sie quasi nur aus Spaßvögeln! Und nach ihrer Silberhochzeit dürfte als nächstes Highlight sicherlich noch mehr als nur die Rente folgen...

Eva und Klaus widersprachen scheinbar vielen Klischees, Vorurteilen und pseudowissenschaftlichen Erkenntnissen; so sollen beispielsweise bei der Betrachtung einer nackten Frau im Gehirn des Mannes dieselben emotionalen Motivatoren aktiviert werden wie beim Betrachten ausgepackter Werkzeuge in einem Baumarkt – ehrlich, Klaus konnte OBI nicht mal von Blume 2000 unterscheiden! Und die hirngepiercten Forscher-Kolonnen wollten darüber hinaus auch noch festgestellt haben, dass Partnerschaften mit Haustieren eher vor sich hin rotten würden als Beziehungspärchen ohne – Evas

Kater hieß übrigens „Vierkant"!!!

Die Feierlichkeiten fanden jedenfalls genau an dem Wochenende in einem Gartenlokal statt, an dem sich auch meine befreundete und eher unkonventionelle Hamburger Kollegin Petra bei mir einquartierte. Mien young Dern mit Berliner Migrationshintergrund war nur tagsüber beruflich eingespannt, so dass ich sie kurzentschlossen statt durch die mitternächtliche Kreuzberger-Kneipen-Szene in die abendländische Welt der Senioren-Groupies mit begleitendem Kollektivessen und betreutem Freilufttrinken schleuste! Während meine magenknurrende Begleiterin eiligst über die lukullischen Spezialitäten des Hauses herfiel, sorgte ich mit freundlicher Unterstützung des umgänglichen Barkeepers für die frisch gezapften Beilagen! Von einer blankgeschorenen Bierzeltbank aus nahm ich immer wieder mal Blickkontakt zu den verstreuten und mir bekannten Gesichtern auf, die mir lächelnd signalisierten, gleich nach dem Versorgungsakt auf uns zukommen zu wollen...

Nach einer kurzen, aber herzlichen Warm-up-Phase kamen die weiblichen Okkupanten schnell auf den Punkt – auf meine scheinbar niegelnagelneue Freundin! Mit Interesse heuchelnder Neugier nahmen sie sie ohne Rücksicht auf unser freundschaftliches Verhältnis in die Mangel, und ihr Wissensdurst schien wesentlich ausgeprägter als ihr karger Getränkeverzehr zu sein! Unterdessen begutachteten ihre angetrauten (Bei-)Schläfer schweigend und genüsslich die äußerlichen Konturen meiner permanent ins Kreuzverhör Geratenen, wobei ja beflissentlich übersehen wird, dass Männer im Allgemeinen zur Stumm- und Taubheit neigen! Nicht umsonst wurden doch Navigationsgeräte in der Hauptsache für uns Männer entwickelt, weil wir doch niemals unterwegs nach dem Weg fragen würden – oder? Chapeau! Petra schlug sich wirklich wacker. Um dennoch meine tapfere Elbquelle endgültig aus dem Fokus der nicht locker lassenden Quasselstrippen nehmen und die bisherigen Gesprächsanteile gerechter verteilen zu wollen, streute ich so ganz nebenbei eine gezielte Provokationstheorie in die Runde! Rührselig stieß ich in dem kleinen Kreis meiner andächtigen Zuhörerschaft einen Toast auf die Silbernen aus und pries dabei ausdrücklich deren lang anhaltende Partnerschaft, ohne nicht aber auch auf das Phänomen verwiesen zu haben, dass statistisch betrachtet in unserem Lande jeder zweite (Ehe-)Mann fremdgehen würde!!! Puuh! Ich weiß bis heute nicht, ob das Entsetzen der spontan aufbegehrenden Weiblichkeit oder die Empörung der in die Schusslinie geratenen Göttergatten überwog! Auf alle Fälle setzte ich mit meinem pastoralen Tremolo eine nachhaltige emotionale Diskussion in Gang!

Innerhalb kürzester Zeit entwickelte sich aus der geballten femininen Tischhälfte eine moralapostelnde Rambotruppe, die mit fantasievollen Verdächtigungen, Unterstellungen und Mutmaßungen schrittweise ihre Mannesbilder in die Defensive und in den Alkoholismus zu treiben schien! Die kapitulierenden und völlig überforderten Schluckspechte erreichten ziemlich schnell mein schlechtes Gewissen, so dass ich mich veranlasst sah, ein weiteres Umfrageergebnis der Allensbacher Ermittlungs-Deppen in die aufgeladene Atmosphäre zu klugscheißern, indem ich den überschaubaren Streithähnen moderat und schlichtend verriet, dass allerdings auch 40 Prozent der Ehefrauen bei uns fremdgehen würden! In diesem Augenblick fühlte und spürte ich deutlich den Unmut der Verbalakrobatinnen, die mich wohl am liebsten mit Blumen beworfen hätten – ohne jedoch vorher die Töpfe abgenommen zu haben! Denn mit dieser unbequemen Wahrheit und der Zerstörung des Mythos' – von wegen treue Ehefrauen – nahm die Debatte die von mir erhoffte Wende, wobei die eben noch so Betrogenen urplötzlich wieder die biergetränkte Nähe der gerade erst Gescholtenen suchten!

Das heikle Thema, das inzwischen auch über die hellhörigen Köpfe der Nachbartafeln schwappte, entzündete sich vor allem an der Frage nach den Ursachen der teuflischen Ehebrüche! Für Rolli, dem Schwerenöter, war die Sache längst klar: „Männer lieben Sex, Frauen dagegen Schnulzen!", verkündete er selbstgefällig und erntete mit dieser eiskalten Botschaft nicht nur von seiner Frau verächtliche Blicke! Charly, der sich in der Mengenlehre gut auszukennen glaubte, ergänzte mit mathematischer Präzision, dass Männer gar nicht erst fremdgehen könnten, wenn nicht auch Frauen der (Sehn-)Sucht nach Seitensprüngen unterlägen! Bei einem Verhältnis von 50 zu 40, monologisierte er weiter, würden sich sogar vier Frauen von fünf Männern seitlich beispringen lassen! Und inmitten des akustischen Desasters laubenpieperte ein mir völlig unbekannter Witzbold von nebenan, „dass das Gras des Nachbarn immer grüner sei als das eigene", womit er mit dieser philosophischen Metapher die schon angepiekste Ruth auf's Podest hob! Betroffen und vollmundig-vibrierend geißelte die mutige Frauenrechtlerin unseren mannsvollen Gesetzgeber wegen dessen frauenfeindlichen Eintrags ins goldene (Bürgerliche-Gesetz-)Buch, in dem nämlich die Opferbereitschaft der Frau beim Geschlechtsverkehr als einklagbares Gut manifestiert worden sei! Na klar, echauffierte sich Ruth zu recht, denn der zuhälterisch anmutende Vergewaltigungsvorbehalt stammte nicht etwa aus der Steinzeit, sondern der wurde von unseren Volks(ver)tretern erst in den 70er Jahren klammheimlich ins Publikum und unter die richterlichen Roben gestreut!

Als weitere Gründe für's Fremdgehen wurden noch schlechter häuslicher Sex, sporadisch einsetzende Migräneschübe und die evolutionsbedingte Triebhaftigkeit des Mannes in den Ausrede-Katalog aufgenommen! „Ach so", heulsuste diesmal Sabine mit einem harschen Unterton: „Geht der Mann seinem Sexualtrieb nach, hat das einen evolutionären Hintergrund; ist die Frau triebhaft, gilt sie als nymphomanisches Luder, oder?" ...(Schweigende Lämmer, bedrückende Stimmung, trüber Sonnenuntergang ...)

Konsens erzielte der (auf-)gemischte Debattierclub wenigstens bei der Begriffsklärung, weil er sich auch darin auf keine allgemeingültige Definition des Fremdgehens einigen konnte – für die einen war allein der Gedanke an eine fremde Haut bereits fremdgängerisch, für die anderen das Händchenhalten und für die Fundis die Masturbation! Irgendjemand wollte gelesen haben, dass die Zahl der zum Islam konvertierten Männer stetig angewachsen sei – es herrschte lediglich Uneinigkeit bei der Frage, ob sich die Muftis dort vier oder gar fünf Frauen legal halten dürften! Hanni, die mit ihrer Familie seit Jahren in NRW lebt, ging in diesem Kontext noch augenzwinkernd auf die fünfte Jahreszeit ein, in der sich weder Narren noch Narrhalesen um die christlichen Werte kümmern würden! Im Gegenzug nähmen sie dafür aber auch in Kauf, dass in den Wochen nach dem Karneval die Beichtstühle der katholischen Kirchen auf Monate ausgebucht seien! Verschmitzt und zynisch fügte Uschi an, dass Männer ein Vermögen ausgäben, um sich in Domina-Studios quälen und demütigen zu lassen, obwohl sie dafür doch nur ihre zuständige Kraftverkehrsstelle aufsuchen müssten!

Meine Beiträge gipfelten allmählich auch ins Satirisch-Unspektakuläre; so fabulierte ich schon mal, dass Männer grundsätzlich erobern und Frauen begehrt werden wollen; Mädels einen Seitensprung eher genössen und darüber schwiegen als viele Kerle, die häufig glauben, dass es für's Fremdgehen sogar Sammelpunkte gäbe, mit denen sie auf öffentlichen Castings potenz-prächtig angeben und prahlen könnten! Nachdenklich warf ich auch noch die rhetorische Frage auf, wie tragfähig wohl eine Beziehung sein möge, wenn der Seitensprung des Partners erstmal ans grelle Tages-Licht käme, um in meinem anschließenden Schlussplädoyer noch einen möglichen Werbeslogan kreiert zu haben, der in etwa lautete, dass eine Partnerschaft, die einen Fehltritt aushielte, zäh wie Pattex sein müsse! Als ich mich gerade zurückziehen und noch einmal das Buffet inspizieren wollte, stellten mir plötzlich ein paar High-heels mit einer Mehrfachmutti drauf die Frage, ob ich denn schon mal fremdgegangen wäre! Hypochondrisch fahndete ich nach einer gesunden und sybillinischen Antwort, wobei ich zugegebenermaßen auch nach einem freien Telefonjoker lechzte! Erleichtert outete ich mich schließlich als autonomer singleman, der nicht mit Fremden, sondern nur mit Bekannten (mit-)ginge und der somit nicht als Fremdgänger, sondern als Bekanntgänger durchs (Lotter-)Leben zöge ...

Während der Nebentisch noch fieberhaft an den Problemen der zunehmenden Entfremdung von Mann und Frau arbeitete, befand sich unser Tafel-Team bereits mitten im Praxisfall! Als hätten alle Frauen gleichzeitig den Aufruf zur Dopingkontrolle erhalten, brach das Rudel modischer Urinproben wie geklont und hypnotisiert in Richtung „Boutique Sanitär" auf! Sorry, aber haben Sie schon mal erlebt, dass sich in Ihrem Freundeskreis mehr als zwei Männer gemeinsam auf die Toilette wagten? Aber vielleicht unterliegen ja Frauen generell dem Zwang, überall die Geschmacksrichtungen von Duftsteinen testen zu müssen ...

Bei Eintritt der Dunkelheit legte dann Petra mit einem süffisanten Lächeln ihren Arm um meine Hüfte, um mich mit rhythmischen Schritten erst durch den Garten und dann in das mit diversen Tonträgern aufgemotzte Haupthaus zu lotsen! Bevor ich überhaupt die Sinnhaftigkeit ihres Handelns raffte, befand ich mich bereits auf der improvisierten laserbestrahlten Tanzfläche, auf der ich meine Beine nur noch nach den Klängen des Hörsturz-Aktivierers Xavier Naidoo bewegen musste! Aus den Boxen schmolz es unaufhaltsam, dass der Weg kein leichter sei und ich bedauerte zutiefst, keine Schließmuskeln in meinen Ohren zu haben ...

Morgenstund'

Es war Mittwoch, ein ganz normaler Wochentag, an dem wie immer der Wecker gnadenlos um 6.50 Uhr ertönte. Meine beiden zwei Zwerge (Louisa, 7 und Robert, 5), die ich über alles in der Welt liebe und die mir – wie schon so häufig – auch in dieser Nacht wieder mal zu Füßen lagen (mein Bett ist groß und hat offenbar eine außergewöhnliche Anziehungskraft!) trafen allmählich die notwendigen Vorbereitungen für das erste morgendliche Highlight, das in der Verfolgung der um 7.00 Uhr beginnenden „Abenteuer der Biene Maja" gipfelte – Frühstücksfernsehen!

Während ich bereits in der Küche meiner mir selbst auferlegten Selbstverwirklichung hinterher hechelte, in dem ich meine Kreativität hinsichtlich der individuellen und adressatengerechten Bestückung der Schulfrühstücksbehälter einschließlich diverser kleiner Obstschüsselchen (Tupper!) unter Beweis zu stellen versuchte, signalisierten mir meine beiden halb verhungerten Klein-Mäuler ihre spontane Bereitschaft zur Einnahme des obligatorischen Bettfrühstücks, das aus einem gesunden vitaminreichen Milchmixgetränk (Tetrapack), einem Schokoriegel (gibt dem Durchfall keine Chance!) und einer Frisch-Ei-Waffel bestand, wobei die kleinen Quadrate auf den Leckerbissen schon morgens die lebenswichtigen mathematischen Denkprozesse anregen sollten! Alternativen oder kleinere Abweichungen davon wurden von meinen kleinen Gourmets nicht geduldet – sie hätten automatisch zum solidarischen Hungerstreik geführt!

Ab 7.30 Uhr begann dann der übliche Countdown. Nachdem Louisa nur widerwillig und nach mehrfachem Bitten – Unbeteiligte würden das möglicherweise auch als Betteln bezeichnen – mein

Schlafgemach verlassen und mit Abstand den Kurz-Aufenthalts-Rekord im Badezimmer unterboten hatte, wurden mir nunmehr die Vorteile eines gut organisierten Familienbetriebes bewusst. Louisa weigerte sich beharrlich und mit enormem verbalen Nachdruck, statt der noch am Vorabend vereinbarten Söckchen nun (wegen des plötzlichen Wetterumschwungs und der damit verbundenen Gefahr gesundheitlicher Schädigungen hielt ich es für meine Pflicht, eine kleidungstechnische Planungsänderung vorzunehmen!) die von mir persönlich heraus gelegte pinkfarbene Strumpfhose anzuziehen, die übrigens eine wohltuende Ergänzung zu ihrem kurzen Jeansrock dargestellt hätte. Mit meinen intensiven Erklärungsversuchen, die sich vorwiegend auf modernste medizinische Erkenntnisse stützten und mit den von mir in diesem Zusammenhang nachgeschobenen, frei erfundenen Schreckensbildern, stieß ich bei meiner Tochter auf taube Ohren, denn längst hatte sie demonstrativ ihre hübschen Lauscher mit beiden Zeigefingern vor unliebsamen Tönen geschützt! Schließlich erinnerte ich mich an die kommunikative Überzeugungskraft unseres Bundeskanzlers und beendete meinen Monolog – in voller Übereinstimmung mit dem demokratischen Grundgedanken – mit dem unmissverständlichen Wort „Basta".

Inzwischen hatte sich Robert – flexibel wie er nun mal war – dem (un-)behaglichen Klima angepasst. In klarer und eindrucksvoller Ansprache gab er mir deutlich zu verstehen, dass er auf die morgendliche Toilette gänzlich verzichten würde! Nur meiner Ausbildung als Fußballtrainer hatte ich es zu verdanken, dass ich seine Absicht im Keime ersticken und ihn doch noch zum Waschbecken locken konnte, denn auf dem Weg zum Zahnputzbecher war es mir gelungen, seine gesamte Aufmerksamkeit auf seinen Fußball zu lenken, den ich – zu seinem Erstaunen – mehrmals auf meiner Stirn hatte tanzen lassen!

Im Hinblick auf den Transfer zur Schule erzielten wir am Vorabend Einigkeit! Wir wollten die Strecke wie gewöhnlich mit dem Fahrrad bewältigen, doch wegen des nächtlichen Kälteeinbruchs – die morgendlichen Temperaturen sanken schließlich auf ganze Plus 14 Grad Celsius – hatte ich ja bereits Vorsichtsmaßnahmen (Strumpfhose!) getroffen!

Louisa war zwar gehorsam – sah auch ganz schick mit dem hautengen Beinkleid aus –, aber auch total geknickt und noch immer ziemlich wütend auf mich. Mir wurde sofort klar, dass es unverantwortlich und im höchsten Maße inhuman wäre, meine Tochter in diesem vereinsamten und frustrierten Zustand der Bildungseinrichtung zu übergeben. Also nahm ich sie nach einer kurzen Denkpause in meine Arme, um ihr einen neuen Vorschlag zu unterbreiten. (Auf die Idee, dass diese Haltung etwa als Ausdruck meiner Inkonsequenz gewertet werden könnte, kam ich natürlich überhaupt nicht – schon gar nicht um zwanzig vor acht!) Mit einem verständnisvollen Lächeln und von meiner Großzügigkeit und der Kompetenz überzeugt, Konflikte im Handumdrehen bewältigen zu können, beugte ich mich zu ihr herunter und bot ihr mit sanfter Stimme die Möglichkeit an, die Strumpfhose doch wieder aus- und dafür die Söckchen wieder anzuziehen, sofern sie damit einverstanden wäre, den Schulweg nicht wie vorgesehen mit dem Fahrrad, sondern zu Fuß zurückzulegen. (Meine Überlegung, dass sich beim Laufen die kühle Luftzufuhr an den Beinchen in Grenzen halten würde, schien mir überzeugend und schlüssig!) Die Reaktion meiner Tochter war alles andere als zufrieden stellend; sie war erschütternd und deprimierend, denn sie endete mit der Frage, was sie (meine Tochter!) denn nun eigentlich machen solle; erst rein, dann wieder raus!!! Und so rannte sie – schimpfend und noch aufgebrachter als zuvor – hoch in ihr Zimmer, um sich dennoch schnellstens für den Fußweg zu präparieren!

Robert hatte sich derweil entschieden, überhaupt nicht erst mizukommen, schon gar nicht zu Fuß, weshalb er die „blöde Jeansjacke" auch gleich wieder an den Kleiderhaken befestigte, was sich glücklicherweise nicht als unüberwindbares Hindernis herausstellen sollte. Erst auf der Straße schien er sich wieder daran zu erinnern, wie qualvoll und mühsam so ein 15-minütiger Gang zur (Vor-)schule sein könne, worauf er urplötzlich das Gehen einstellte. Im lautstarken Jammerton verwies er auf seine plötzlichen Bauch- und Kopfschmerzen, auf seine gefrorenen Hände und schließlich auf unser Auto, das scheinbar direkt neben ihm am Straßenrand auf ihn zu warten schien. Er forderte mich ultimativ auf, ihn unverzüglich mit dem Auto zur Schule zu fahren, anderenfalls er keinen Fuß mehr vor den anderen setzen würde. Damit er trotzdem in den Genuss gesunder frischer Morgenluft käme (meine gesundheitsfördernde Argumentationskette hatte er offensichtlich verinnerlicht!), schlug er mir vor, doch sinnvollerweise gleich das Verdeck meines Wagens öffnen zu wollen!

Jetzt waren endgültig meine pädagogischen Fähigkeiten gefragt, zumal mich zusätzlich die strengen Blicke meiner älteren und lebenserfahrenen Nachbarin belasteten, die dem Geschehen von der anderen Straßenseite interessiert (oder auch nur neugierig?) und kopfschüttelnd beobachtete und die Väter sowieso ausnahmslos für die schlechteren Mütter hielt (womit sie ja wohl objektiv auch recht hatte!). Die Hoffnung, mit ausgewogenen Worten meinen kleinen Streikposten für meine Ideallösung gewinnen zu können, musste ich schnell begraben. Und da meine Motivationsstrategie nicht von Erfolg gekrönt war, setzte ich ansatzweise den Weg allein mit meiner schweigenden Tochter zügig fort, die ziemlich unaufgeregt alle Aktionen ihres Bruders unbeschadet über sich hat ergehen lassen. Die Erwartung, mein süßer Rebell würde sich überwinden und sich doch noch rasch an unsere Fersen heften, erwies sich als absoluter Irrglaube! Und so zog ich denn – schon etwas genervt und langsam auch unter Zeitdruck stehend – die zweite Option, in dem ich schnellen Schrittes zu meinem Sohn zurückkehrte, kommentarlos seine Hand ergriff und schlussendlich auch mit ihm in Richtung Lehranstalt marschierte.

Die atmosphärischen Störungen waren just in dem Augenblick behoben, als Robert Auskunft über die Standorte der geparkten Autos mit auswärtigem Kennzeichen „verlangte" und Louisa mir die Vorzüge langer und bunter Fingernägel näher brachte! Vor den jeweiligen Klassenzimmern verabschiedeten, drückten und küssten wir uns, und jeder gab an, sich riesig auf den gemeinsamen Nachmittag zu freuen! Auf dem Heimweg kamen mir vor Glück (oder doch Verzweifelung?) die Tränen und (m)eine Stimme sagte mir: „Wie schön, dass es diese beiden Zwerge gibt!"

Partner_falle...

Eigentlich wollte ich im Internet nur mein Auto inserieren, weil mich dessen unberechenbare Reparaturanfälligkeit in den materiellen Ruin zu treiben schien, doch irgendwie begegnete mir statt eines potentiellen Käufers urplötzlich ein Haufen gestylter Frauenköpfe, die permanent über meinen Bildschirm flimmerten und nicht aufhörten, mich pausenlos anzugrinsen – verdammt schöne Technik!

Nach der Freud'schen Erkenntnistheorie verfolgte ich womöglich gar nicht wirklich mein Verkaufs-Ziel – schließlich fahre ich noch heute meinen uralten Saab –, sondern es hatte wohl eher etwas mit meinem Unterbewusstsein zu tun, dass ich mich auf die Seite der superschönen Girlies habe navigieren lassen. In immer wiederkehrenden und sehr seriös formulierten Sequenzen, die in werbeträchtigen Inszenierungen sowohl meinen gesamten Bildschirm als auch mein Gehirn belegten, wurde mir glaubhaft und vertraulich versichert, dass all diese attraktiven Mädels, die so sanft und hoch dekoriert an mir vorbei huschten, nur darauf warteten, mit mir in Kontakt treten zu dürfen! Meine Güte, ausgerechnet mich haben die ausgesucht?, ging es mir durch den Kopf! Toll, einfach super! Ja nun, das tat meinem Ego eigentlich auch ganz gut!

Meiner Anfangs-Euphorie gehorchend fackelte ich auch nicht lange; mit einem doppelten Mausklick auf das Profil einer rassigen Blondine aus dem Schwarzwald, die sich in diesem Medium als „Kusskugel" einlochte und somit wahrscheinlich nicht nur meine Aufmerksamkeit auf sich zog, signalisierte ich der „Schwarzwaldkugel" mein gesteigertes Interesse. Doch der Versuch, mit ihr eine knisternde und aufregende Kommunikationsebene aufbauen zu wollen, ging total daneben. Denn noch bevor die scheinbar Kusssüchtige von meiner spontanen Initiative erfahren sollte, wurde mir erstmal das so genannte Kleingedruckte in überdimensional großen Aufklärungsblöcken mit den entsprechend notwendigen Handlungsanweisungen auf meine Bildfläche transportiert! In dieser (Einführungs-) Phase wurde ich sinngemäß gebeten, mich nur noch mit einem mindestens 6-stelligen Pseudonym und einem dazugehörigen Kennwort auszurüsten, mich damit bei dem Dienstleister anzumelden, um schlussendlich mit der „Weiberjagd" beginnen zu können! Mürrisch kam ich der Aufforderung nach, nannte mich ab sofort „Quereinsteiger" und wurde als neues Mitglied herzlich willkommen geheißen, so dass ich nunmehr mit erhöhtem Tempo den medialen Dschungelbetrieb eigentlich hätte durchforsten können – dachte ich! Von wegen...

Nee! Mein Hürdenlauf war noch längst nicht beendet, denn so ohne weiteres konnte ich nun doch wieder nicht den versprochenen Kontakt zu den aufgereihten Amazonen aufnehmen. Um nämlich den Mädels eine Nachricht hinterlassen oder gar mit ihnen chatten zu wollen (so wird in der virtuellen Medienwelt das Verfahren eines direkten Informationsaustausches bezeichnet – im Prinzip also nichts anderes, als in schriftlicher Form zu telefonieren!), bedurfte es angeblich nur noch einer winzigen Kleinigkeit – ich musste lediglich noch eine zeitlich begrenzte und natürlich kostenpflichtige Extra-Mitgliedschaft (Krone!) erwerben! Obwohl mir inzwischen wegen der vielen zu überwindenden Barrieren allmählich die Lust vergangen war, weder mit Knutschi noch mit irgendwelchen anderen visuellen Perlen quasseln zu wollen, ließ ich mich dennoch – zwar leicht angesäuert und schon etwas ermattet – auf einen entsprechend befristeten Vertag ein. Wow! Endlich! Nun war es so weit – ich war mitten drin und voll dabei...

Ein bisserl aufgeregt, doch schon wieder hoch motiviert, ging ich die Profile der attraktivsten Protagonistinnen durch, wobei ich mir vorkam, als stöberte ich als geladener Zeuge bei einer übergeordneten Polizeidienststelle die mir vorgelegten Steckbriefe sämtlicher gemeingefährlicher Gesetzesbrecherinnen durch. Da sich Miss Kusskugel vermutlich wegen meiner viel zu langen Anlaufzeit bereits aus dem Portal verabschiedet hatte, stieß ich alternativ auf die noch offensichtlich wache und langhaarige 48-Jährige „Nuss-Knackerin", deren Bereitschaftssignal noch glimmte, und deren angeblicher Lebensraum den gesamten südlichen Teil unserer Republik abdeckte. Und da die bayerische Landfrau mit ihrem großzügigen Dekollete und mehrdeutigen Pseudonym durchaus meine in letzter Zeit stagnierende Fantasie anzuregen verstand, klopfte ich gewissermaßen an ihr offenes (Bildschirm-)Fenster. Zu meiner Freude erwiderte sie mein Chat-Angebot und gab sich gesprächsbereit.

Nun ja, so ein Einstieg sollte gut überlegt sein! Bloß keine durchsichtigen Lobhudeleien! Höchstens mit ein paar humorvollen Komplimenten aufwarten, die sich anhören müssen, als sprudelten sie direkt aus einer einsamen Herzklappe, fuhr es mir durch meine letzten noch wachen Gehirnzellen! Und nach meiner intensiven mentalen und strategischen Gesprächsvorbereitung sowie in dem sicheren Gefühl, im Notfall auch auf (m)eine Erfolg versprechende und adressatengerechte Kommunikationsführung zurückgreifen zu können, begann ich meine intellektuellen Klimmzüge in die Tastatur zu hämmern:

„Hallo Madame, mit Ihrer wohltuenden Präsentation wirken Sie auf mich ausgesprochen kreativ und sehr sympathisch. Ich heiße übrigens Wolfgang, und ich würde Sie gern noch ein bisschen unterhalten, bevor Sie möglicherweise in Ihrem Kuschelbettchen – quasi als Betthupferl – noch ein paar (Hasel-)Nüsse zu knacken gedenken?"
….

Mir gefielen meine humoristischen und charmant formulierten

Wortschöpfungen, mit der die Konversation prinzipiell hätte so richtig ins Rollen geraten müssen. Die Antwort ließ auch nicht lange auf sich warten! Gespannt verfolgte ich auf meinem Sichtfenster die knappen Zeilen der Nüsse knackenden Bajuwarin, die mit ihrem feschen Dirndl ganz sicher auch auf jedem Heimatabend – vor allem beim Fahnentanz! – eine gute Figur abgegeben hätte!

„danke! du bist wohl neu hier? aber heuer schon ganz schön frech! ... grins ... das SIE lass mal weg, du bis nicht auf dem opernball ... lach ... sehen kann ich dich übrigens auch nicht, und zum knacken bist du viel zu weit weg ... pfiat di, ... Alma"

Hm, na der (Seiten-)Hieb kam zur rechten Zeit!! Die Qualität meines Einstiegs hatte ich offensichtlich glatt überschätzt. Nun galt es, meine Erfahrungen mit Almas Feedback zu nutzen, sie schnellstens umzusetzen und sich umgehend mit den Spielregeln dieser mir völlig fremden Branche vertraut zu machen – also keine großschreibung, jedes mädel duzen, auf entfernungen achten, eigenes foto einstellen, individuelles profil anlegen, persönliches motto kreieren etc. ... (na bitte, klappt doch schon ganz gut!)

Am nächsten späten Abend – meine Kids schliefen bereits und die alltäglichen Hausaufgaben hatte ich aus gutem Grund in Windeseile erledigt – setzte ich erwartungsvoll den Countdown fort! Die Mängelliste restlos abgearbeitet stand nunmehr einem professionelleren Neustart nichts mehr im Wege, wobei ich mein etwas blasses Handy-Foto auch noch schnell mit (m)einem absolut authentischen Motto aufpäppelte: „Wer ständig mit der Herde geht, folgt überwiegend den Ärschen!", lautete mein Credo!

Mit dieser etwas provokanten Botschaft, dem technischen sowie vertraglichen Know-how und der Beschreibung meines von mir favorisierten Adressatenkreises – Insider sprechen salopp von einem

„Beuteschema" –, glaubte ich, bereits von Anfang an die Spreu (blutjung) vom Weizen (reif & schön) getrennt zu haben. Gut gelaunt und äußerst neugierig verschlang ich wie ein pubertärer Jüngling das mir aufgefallene Profil von Madame „frauenflüsterin", einer 49-Jährigen geschiedenen Altenpflegerin aus Braunschweig, die es bei einer Körpergröße von 1,68 auf nur schlappe 52 Kilo brachte und 3 Kindern das Leben schenkte. Klingt doch viel versprechend und absolut einladend, machte ich mir Mut, zumal die „Flüstertüte" auf dem Foto einen recht attraktiven Eindruck hinterließ! (Na ja, und mal ganz ehrlich! Mittel- und langfristig gesehen wäre sie allein schon wegen ihrer sozialen Kompetenz eine wirkliche Alternative zum latent in meinem Kopf umhergeisternden „Betreuten Wohnen", oder?) Diesmal ging ich jedenfalls wesentlich sensibler vor: „hi, schön dich hier anzutreffen, weil du als sympathische flüsterin natürlich meine uneingeschränkte neugier geweckt hast; und von dir zugeflüstert zu werden, dürfte sicherlich ein ganz besonderes erlebnis sein"… smile … Leicht ungeduldig wartete ich auf ihre Reaktion, die mich wenig später jedoch wie ein Blitzschlag treffen sollte: „habe schon immer gewusst, dass männer zu dämlich zum lesen sind … bye!"

Puuh! Meine Güte! Ein erneuter Tiefschlag! War denn meine Depesche etwa nicht seriös genug? Doch! Sie war es! Aber beim nochmaligen Schmökern in ihrem Profil stellte ich fest: Frau Lesbe hatte Recht, denn sie wollte ausschließlich ihre Geschlechtsgenossinnen zutexten, die übrigens – wie ebenfalls nachzulesen war – keinesfalls „bi" sein durften! In diesem Augenblick leuchtete mir auch ihr „Markenzeichen" ein – na klar; logisch! Hätte ich auch früher drauf kommen können, oder? Zutiefst enttäuscht und höchst unmotiviert klickerte ich mich noch durch die angebrochene Nacht und durch die nächsten Abende, bis, ja bis mich eines Tages Miss „dick-popo", ein 46 Jahre reifes, lustiges und sehr attraktives Berliner Mädel, das mit ihrem Pseudonym scheinbar Schock-Marketing zu betreiben schien, zum Chat einlud! Und nachdem wir ziemlich intensiv Komplimente, weltpolitisches Gedankengut und unsere Vornamen ausgetauscht hatten (Sabine hieß sie übrigens), war die Verabredung für's Wochenende nur eine logische Konsequenz – Kenner der Szene würden von einem Date; meine Großeltern von einem Rendezvous sprechen!

Pünktlich um 20 Uhr steuerte ich unseren Treffpunkt an – einen kleinen, gemütlichen und überschaubaren Weihnachtsmarkt rund um den S-Bahnhof Mexico-Platz, der jedoch zu meinem Entsetzen von Menschenmassen unglaublichen Ausmaßes okkupiert war, so dass ich mir ausmalen konnte, wie schwierig es sein dürfte, bei der Vielzahl ausgeprägter Hinterteile meinen „dick-popo" zu finden. Erschwerend kam hinzu, dass sich wegen des plötzlichen Kälteeinbruchs fast alle Frauen in mollig warme Mäntel hüllten, mit denen sie mir zwangsläufig auch den Blick auf ihren verlängerten Rücken verwehrten, und ihre Gesichter aufgrund schützender Kopfbedeckungen kaum zu identifizieren waren. Hätten wir doch bloß unsere Handynummern ausgetauscht, schüttelte ich resignierend den Kopf! Sollte ich etwa lautstark nach „dick-popo" oder nach Sabine grölen? Mir vielleicht zwecks Beschallung des gesamten Wohnviertels das Megaphon des diensthabenden Bahnhofsvorstehers ausleihen? Oder doch lieber darauf vertrauen, dass mich Sabine schon irgendwie erkennen und finden würde? Vielleicht wäre es aber noch klüger, der weiblichen Harn-Drang-Theorie Glauben zu schenken und sich vor dem einzigen Dixi-Klo aufzubauen und abzuwarten, bis „dick-popo" endlich müssen müsste...

Inmitten meiner Problemanalyse kam mir eine noch viel versprechende Idee, den Warteprozess möglicherweise doch erheblich abkürzen zu können! Fest entschlossen begab ich mich zum Crepes-Stand, ließ mir einen runden Pappteller schenken, den ich beidseitig mit einem fetten Filzer, den mir die freundliche Dame in der Holzspielzeugbude lieh, beschriftete – „SABINE, wo bist du?", lautete mein

Plakat! Aus einem nahe liegenden Gebüsch brach ich noch schnell einen langen Zweig heraus, spießte damit mein Schild auf und hielt es wie ein andalusischer Reiseleiter hoch über meinen Kopf, um somit nicht nur die Aufmerksamkeit neugieriger und erstaunter Marktbesucher auf mich, sondern vor allem Sabines Augenmerk auf mein Poster zu lenken. Nachdem sich zwei, drei Frauen wohl persönlich angesprochen fühlten und mich von oben bis unten musterten, als suchten sie verzweifelt ihre ab- beziehungsweise untergetauchten Ehemänner, hielt mir plötzlich ein zierliches, schlankes Wesen einen Becher mit duftendem Glühwein unter die Nase, hauchte mir ein „Hallo Wolfgang" ins Ohr, gab mir zwei Küsschen auf meine kalten Wangen, um mich schlussendlich untergehakt und frohen Mutes durch die Massen zu schleusen. Upps! Funktioniert denn so eine ewige Freundschaft?

Nachdem wir uns noch eine Weile auf dem Markt vergnügten, uns dabei auch ein wenig näher kamen und jeder mit dem nächsten Becher Glühwein auch bereit war, ein bisschen mehr von sich preis zu geben, erfuhr und erkannte ich u. a., dass Sabines Pseudonym nicht an ihr festzumachen war, sondern lediglich als Testballon dienen sollte, mit dem sie nur die Verhaltensmuster anbeißender Kerle auszuloten versuchte. Mit meiner dezenten Zurückhaltung und defensiven Trinkkultur rangierte ich auf ihrer Skala vermutlich noch im grünen Bereich, wobei Frau dick-popo den Wechsel vom heißen Punsch zum hochprozentigen Jagertee alles andere als gut vertrug. Urplötzlich klammerte sie sich an meinem Arm, sank wortlos in sich zusammen, um dem weißen Pulverschnee mit ihrem unverdauten Mittagsmenue eine andere Farbe zu verleihen – auch mir wurde gegen alle Gewohnheiten speiübel. Da außergewöhnliche Situationen auch ungewöhnliche Maßnahmen erfordern, stand meine weitere Vorgehensweise sofort fest: Promille-popo musste im wahrsten Sinne des Wortes schnellstens aus dem Weihnachts-Verkehr „gezogen" und ihrer Restfamilie, deren Wohndomizil glücklicherweise nur wenige

Straßen entfernt war, „übergeben" werden.

Fürsorglich und meine Begleiterin fest im Griff haltend torkelte ich mit ihr durch die herrliche Winterlandschaft, wobei mich bei meiner (Tor-)Tour zwar auch schadenfreudige Zurufe begleiteten, mir andererseits aber auch spontan Beifall gezollt wurde – wenn auch nur ironisch! Und da der Weg zu Sabines Behausung zufällig an meinem parkenden Auto vorbei führte und ich den schwankenden Schluckspecht auch kaum noch in der Senkrechten halten konnte, legte ich dort eine kurze Rast ein, entnahm aus dem Kofferraum meines Wagens den Schlitten, auf dem sich noch vormittags meine Kids amüsierten, bugsierte das frierende Häufchen Elend auf die hölzerne Sitzfläche und zog es bis ins Ziel! Die erwachsene Tochter nahm dankend ihre kraftlose Mutter in Empfang, ich machte mich wieder auf den Heimweg, chattete später noch ein paar Mal mit dick-popo und anderen Illusionistinnen, bevor ich meine Mitgliedschaft im Verband der Hoffnungsvollen für beendet erklärte.

Vorsicht! Weihnachten!

Leise rieselt wie Schnee
Geld aus mei'm Portmonee;
den Schirm hat der Schäuble gespannt –
für Verbrecher im Banken-Land!

Milliarden wurden verbrannt,
Regierung hat's nicht mal erkannt;
der Bürger zahlt nun auch die Zech' –
schon wieder zocken Banker ganz frech!

Tschernobyl ist lange her,
ein Unfall – mach's dir nicht so schwer!
Reaktoren in unserem Land
sind ganz sicher – auf neuestem Stand!

Der Atommüll rollt bei uns rund;
verschwindet zu nächtlicher Stund',
die Lager sind dicht und auch klasse –
Einsturzgefahr bloß in „Asse"!

Dem Rinderwahnsinn getrotzt,
haben Lehrer dennoch gekotzt!
Seit Pisa wird groß investiert –
Wände von Schülern tapeziert!

Multi-Kulti ist tot!
Sagen Stoiber und mancher Idiot!
Sarazin schiebt's auf die Gene;
meint sich und die Rechts-Extreme!

Die Welt wird von Haien regiert,
Merkel mit Sarkozy liiert;
Berlusconi verführt kleine Mädchen,
und Putin dreht am Öl-Bohrer-Rädchen!

In Schkopau, Anklam und Schwedt
lebt Hartz IV, aber niemand, der red';
es ist dort so leer wie im Wald –
freuet euch, Ruprecht kommt bald!

Bald nun ist heilige Nacht,
kein Vopo auf Türmen hält Wacht!
Grenzenlos ist der Verkehr –
nur der Weihnachtsmann,
der hat es schwer!

Rien ne va plus

Inzwischen waren schon einige Jahre vergangen und dennoch konnte ich mich noch sehr genau an meine damalige psychische Befindlichkeit erinnern, die sich auch nicht durch demütige Beschwichtigungen wie „ist doch nicht so schlimm" oder „da kommen wir alle noch hin" stabilisierte! Im schleichenden Tempo schlug die Qual meines Selbstmitleids in latente Rebellion um, so dass ich an dem bewussten Tag aus purem Verdruss nur noch Gäste einlud, von denen ich zu wissen glaubte, dass sie die Fünfzig längst überschritten hatten. Das Helfersyndrom sowie den väterlichen Spontanpsychiater in mir entdeckend und in Kenntnis meiner damaligen mentalen Orientierungslosigkeit, die zu der grotesken Fragestellung führte, ob ich mich denn zukünftig von jedem jungen und mittelalterlichen Typen duzen lassen müsse, hielt ich es für nötig, jetzt zu handeln. Mir schwebte vor, gemeinsam mit den beiden Mädels unseres literarischen Quartetts für Jonas, dem sympathischen, aber eben auch alternden Jubilar und Vierten der Clique, prophylaktisch ein „Motivations-Aufbau-Paket" schnüren zu lassen, mit dem ihm die schicksalhafte Mitgliedschaft im Club der Halben-Jahrhundert-Fossilien ein bisschen erleichtert werden sollte.

Mit ihrer geballten Event-Management-Kompetenz organisierte Iris postwendend eine Telefonkonferenz, in der sie, Tina und ich nach allen möglichen adressaten- und anlassgerechten „Außer-Haus-Geschenk-Ideen" suchten, die wir schließlich im Brainstormingverfahren sammelten, um uns am Ende auf einen gemeinsamen Überraschungscoup geeinigt zu haben. Anschließend wurden dem „Opfer der frühen Geburt" lediglich Tag und Uhrzeit unserer geheimnisvollen Nachfeier mit dem Hinweis auf ein wünschenswertes Outfit und ein mitzuführendes Personaldokument verraten – alles Weitere sollte er noch früh genug erfahren! Es war übrigens gar nicht so einfach, für alle Vergnügungssüchtigen einen passenden Termin zu finden, weshalb wir uns immer wieder aufs Neue vertagen mussten – Partner(in), Kids, Gesundheit und Beruf stopften schon mal unverhofft leer geglaubte Lücken in den jeweiligen To-do-Listen! An einem Freitag den dreizehnten kamen wir dann endlich zu Potte! Erlebnis- und weltoffen legten die drei „Musketiere" noch einen kleinen Zwischenstopp bei mir ein, um sich beizeiten ganzheitlich auf die Sause vorzubereiten und ihre Körper- und Feiertemperatur schnellstens auf Hochtouren trimmen zu lassen. Der anstehende Abend-Parcours wurde nur kurz anmoderiert und Jonas endlich ins Rampenlicht gezerrt!

Meine Güte, wie doch die Mädels wieder verdammt sexy und mega attraktiv ausgesehen hatten; Iris, eine Mischung aus Sahra Wagenknecht und Monika Gruber, umhüllte zur Feier des Tages ihren rassigen Körper mit einem blautonigen seidenen Kleid und vertraute ihre langen Beine einem klassischen Schaftstiefelpaar an, mit dem sie leichtfüßig über sämtliche Böden schwebte! Tina, ein Mix aus Miriam Boes und Helene Fischer, wählte für den Gala-Abend ein eher luftiges Gewandt, das sich bei jeder graziösen Bewegung den Konturen ihres luxuriösen Körpers anpasste, wobei sie sich von eleganten Halbstiefelchen lenken ließ, deren Absätze sie in ungewohnt hohe Sphären katapultierte! Und Jonas, der problemlos Markus Maria Profitlich (Mensch Markus!) doubeln könnte und in Sachen Sprachgeschwindigkeit dem Ex-Verteidigungsminister Rudolf Scharping in nichts nachsteht, tauchte im dezent feinen Zwirn auf, der eine ansehnliche Symbiose zu meinem schlichten schwarzen Anzug darstellte, so dass wir ohne Übertreibung allesamt dem exklusiven Laufsteg der vergangenen Bread & Butter-Show zu noch mehr Glanz und Glimmer hätten verhelfen können. Berauscht von soviel Pracht und Elegance stießen wir mehrmals auf das Wohl des „Neu-Fünfziger" an, stürzten uns mit gespreizten Fingern auf den leckeren von Iris kredenzten Italo-Gourmet-Hefe-Zopf und ließen unseren Jonas mittels kreativem Bilderrätsel das Motto des Abends lösen! Pantomimisch stellten wir ein emotionales Auf und Ab dar, wedelten verschmitzt mit den Personalausweisen, ließen bedeutsam eine Tüte Chips rumgehen und starrten kopfkreisend und daumendrückend auf meinen blankgeputzten Esstisch, auf dem es jedoch rein gar nichts zu beobachten gab! Mit dieser Kleinkunst-Inszenierung drangen wir zwar in die Phalanx der umstrittenen Waldorfpädagogik ein, doch erfolgreich war sie allemal, denn das Vorstellungsvermögen unseres gefeierten Protagonisten wurde auf diese Weise nicht gerade übermäßig strapaziert! Der Kuchen war somit im wahrsten Sinne des Wortes schnell gegessen, und mit Jonas' befreiender Rührung plus einem prall gefüllten Geldbeutel, für dessen Vermehrung der Überrumpelte in den nächsten Stunden mit sorgen sollte, machten wir uns allmählich auf den Weg zur „Hölle". Alkoholfrei und verantwortungsbewusst übernahm Tina das Steuer, Iris als Stadtguerilla die Navigation, während wir Kerle großspurig damit kokettierten, bis zur Einfahrt ins Parkhaus die globale Schuldenkrise endgültig gelöst zu haben!

Der bei der letzten Berlinale von Stars und Paparazzis geschundene und immer noch ausgerollte „Rote-Reste-Teppich" sowie die aggressive Entree-Beleuchtung unseres Zielobjekts wiesen uns den Weg ins ungewohnte Nacht-Leben! Dass wir auf die Aufwartung eines freizügigen Empfangskomitees verzichten mussten, wog nicht so schwer wie der computerunterstützte Fahndungsabgleich, mit dem unsere Seriosität wenigstens noch ohne Einsatz von Nacktscannern festgestellt werden konnte! Doch parallel zum gewöhnungsbedürftigen Identifikations-Modell spürte ich plötzlich, wie sich allmählich eine massive Betonplatte auf meinen Gefühlen ausbreitete! Wozu hatten wir uns eigentlich so rausgeputzt? Was verstanden die denn hier unter angemessener Kleidung? Denn im Foyer wimmelte es nicht nur von einarmigen, sondern offensichtlich auch von zweiarmigen Banditen, die in gewöhnlichen Holzfäller-Hemden, bunten Fein-Ripp-Shirts und schlabbernden Hip-Hop-Buxen den Spieleinsatz und den (Farb-)Ton des Parketts bestimmten! Nicht, dass ich etwa auf Glamour oder tumbe Schickeria-Typen stünde, doch meine Erwartungshaltung hinsichtlich der Rahmenbedingungen des renommierten Etablissements war einfach eine andere. Statt wie in einem der vielen James-Bond-Filmen, in denen mehrheitlich betuchte und exzellent gekleidete Herren die Spieltische verruchter Salons für sich reklamierten und darüber hinaus häufig den Eindruck hinterließen, als hätten sie gerade einen Juwelierladen ausgeraubt und das Diebesgut gleich ihren aufgemotzten Spezies um den Hals gehängt, kam ich mir wie ein verhinderter Opern-Ball-Besucher vor, der sich irgendwie im Datum geirrt haben musste und stattdessen nun auf einer Dorfkirmes oder einer Kleintierzüchtervereinsfeier abgesetzt wurde. Das wenig spektakuläre Bild verfolgte mich bis in den großen Spielsaal, in dem sich hyperaktive Zocker(innen) beim Roulette, Poker und Black Jack zu verwirklichen suchten. Glücklicherweise schwanden meine depressiven Verstimmungen in dem Augenblick, als Jonas mit professioneller Miene einen Haufen bunter Jetons anschleppte, die wir intuitiv und mit vereinten Kräften vervielfachen wollten; andererseits hätten wir die Kohle auch ungeniert auf den Kopf hauen können, weil sie eh in unseren Haushaltsbüchern unter „Verlust" abgeschrieben waren.

Den Beutel voller Kunststoff-Moneten und mit Respekt vor der faszinierenden Gedächtnisakrobatik der amtierenden Croupiers näherten wir uns dem erstbesten Tisch, an dem das Rollen und Klackern der kleinen weißen Kugel unsere Distanz pö a pö schmelzen und den Puls dagegen höher schlagen ließen. Stumm und hochgradig angespannt studierten wir so lange geduldig die Verfahrens-Abläufe, Setz-Optionen und Verhaltensmuster der Angestellten und deren „Gegnerschaft", die sich einerseits aus unschlüssigen Kiebitzen und andererseits aus coolen Berufs-Zockern rekrutierte, bis wir schließlich am gegenüberstehenden Tisch den Ernstfall zu proben begannen. Unsere „Chauffeurin" und der auserwählte „Geldsack" positionierten sich an der Stirnseite der Spielfläche, während die „blaue Mauritius" und ich aus der zweiten Reihe agierten und im vermeintlichen Flüsterton ab und zu spielentscheidende Kommandos gaben, die schlussendlich den hellhörigen Croupier veranlassten, uns an den Verhaltenskodex zu erinnern, der u. a. eben nur einen spielführenden Teamhäuptling vorsieht. Verlegen und etwas beschämt folgten wir der nachvollziehbaren Handlungsanweisung mit dem triumphalen Ergebnis, plötzlich auf eine scheinbar nimmer zu versiegende „Goldader" gestoßen zu sein. Unsere gewählten Zahlenfelder entpuppten sich zu einer Art lizenzierter Dauer-Einnahme-Quelle, auf deren Rücken sich unentwegt gewonnene Chips türmten, die von dort direkt in Jonas handlichen Textiltresor wanderten. Mit einer längst verinnerlichten Siegermentalität verließen wir kurzzeitig den Standort des Erfolges, um an der Bar unsere angetrockneten Stimmbänder neu zu beleben, die innere Zufriedenheit auszukosten und eine fiskalische Zwischen-Bilanz zu ziehen – wir lagen ganz weit vorn!

Und obwohl das Spielcasino für uns weiterhin ein Synonym für kapitalisierte Träume blieb, wir aber an dem höchst charmanten Croupier nichts Pedantisches oder Reglementierendes feststellen konnten, okkupierten wir im zweiten Anlauf erneut den uns bislang gut gesonnenen Tisch 3, wo derweil schon Geldscheine statt Chips im Umlauf waren, die auf schicksalhafte Durststrecken verzweifelter Loser schließen ließen. Da wir mit unserem vom Erfolg gekrönten System über einen längeren Zeitraum leider auch keine nennenswerten Gewinne mehr einstreichen konnten und Frauen die Kunst der unausgesprochenen Befehle vortrefflich beherrschen, blieben wir Kerle an unserem Ort, während sich die Mädels einen anderen Spielplatz suchten, um dort auf eigene Faust fette Beute machen zu wollen. Die Trennung währte jedoch nicht lange, denn schon bald hatten wir die beiden emanzipierten, aber auch total „blanken" Schönen wieder an unserem Tisch, an dem sich eine ähnliche Tal-Fahrt in die roten Zahlen abzeichnete. Der Gewinn war bereits futsch und unser rosiges Anfangskapital drohte ebenfalls zu verblühen! Leicht frustriert und mit immer weniger Elan pfefferten Tina und Jonas die Chips nur noch wie eine Opfergabe auf den grünen Filzbelag, zumal mit jedem weiteren Jeton-Verlust das Zocken seinen Reiz verlor! Zu den Konsequenzen dieses negativen Entwicklungsprozesses gehörte aber nicht zwangsläufig auch der Verlust meines Verstandes, so dass bei mir rechtzeitig der Groschen fiel und mich darüber hinaus auch der Jackpot des Begreifens erfasste. An der Rätselhaftigkeit unserer auf „Leiden" programmierten Gesichtszüge konnte ich zwar nichts ändern, wohl aber an dem sich anbahnenden ökonomischen Fiasko! Noch vor Eintritt unseres Offenbarungseides entnahm ich unserem abnehmenden Chip-Polster klammheimlich mehrere hochwertige Jetons, was mancher Spielsüchtige wohl eher für eine Schreckensvision der Sparsamkeit halten würde! Doch mit der spontanen Rettungsaktion gelang es mir am Ende unseres Engagements, die Gemeinschaft wieder aus ihrem vorübergehenden Stimmungstief zu befreien, wobei die gekaperten „Mäuse" zur Finanzierung des noch anstehenden lukullischen (Nacht-)Mahls angedacht waren.

Hungrig, dürstend und wieder mit echten Zahlungsmitteln versorgt fielen wir in Iris' favorisiertem Schöneberger Falafel-Laden ein, in dem sich nicht nur tagsüber die Ventilatoren, sondern um zwei Uhr morgens auch noch leckere Fleisch-Spieße drehten. Die orientalischen Köstlichkeiten noch gar nicht ganz verdaut, läuteten wir anschließend die letzte Sequenz unseres nächtlichen Ausflugs in einer nahe liegenden und noch stark frequentierten Kiez-Bar ein, in der wir satt und cocktailbenebelt noch einmal die ereignisreichen und harmonischen Stunden revue passieren ließen. Und da die Drinks uns ja nicht umbringen sollten, bei jedem allmählich der Bewegungsapparat zu erlahmen schien, als hätten wir gerade gemeinsam den Mount Everest erklommen, beglich unser treuer „Beuteträger" die gut kalkulierte Zeche aus dem Gemeinschaftskonto, so dass wir ziemlich ermattet, aber rundum glücklich und mit einer gewissen Werktagsroutine die verkehrsarme Heimfahrt antraten.

Doch selbst wenn sich zur renditeträchtigen Kapitalbildung nicht jede steuerlich begünstigte Anlageform eignen sollte – die Spielbank wäre keine ernsthafte Alternative; sie ist und bleibt ein desillusionierender Geldverbrennungsofen!

Die Anmeldung

Nun denn, meine Kids (Louisa, 8 und Robert, 6 Jahre jung) hatten meinen Tipp, sich doch instrumental mal professionell ausbilden zu lassen, zwar nicht gerade euphorisch, doch zumindest mit einer gewissen Neugier aufgesogen – Klavier und Gitarre sollten die Geräte heißen, mit denen sie ab sofort auch zu Hause den Ton angeben wollten.

Auf der Fahrt zur musischen Bildungsanstalt, auf die ich eher zufällig gestoßen war, lief plötzlich mein Kopfkino auf Hochtouren. Und da bei älteren Menschen erwiesenermaßen das Langzeitgedächtnis bei weitem wesentlich besser funktioniert als alle kurzzeitigen Erinnerungsmechanismen zusammen (was hatte ich gestern noch mal für meine beiden Kleinmäuler gekocht? Genau! Spaghetti! Oder? Ach nee, es gab ja Klöße mit Goulasch und Rotkohl! Quatsch! Wir waren doch gestern bei Mc…), sah ich ihn plötzlich wieder vor mir – den alten, stets an einer dicken Zigarre sabbernden Mann mit den Holzfällerhänden! In seiner lausigkalten Einzimmerbude, die mit übel riechendem Müll und grässlichen Bildern verekelt waren (die Werke von Hyronimus Bosch sind dagegen freundlich warme und harmonische Farbkleckse!), sollte mir das Musikmonster einmal wöchentlich die Flötentöne beibringen. (Habe leider nie in Erfahrung bringen können, was meine Mutter bewogen haben könnte, mir dieses Fossil auf den Hals zu hetzen.) Kann mich jedenfalls noch sehr gut an die erste Übungsstunde erinnern, in der mich das zahnlose musische Individuum von oben bis unten abschätzig musterte. Über seine furchterregende Hornbrille mit den fetten (Brenn-)Gläsern nahm er mich kopfschüttelnd ins Visier, um mir im militärischen Kasernenhofjargon und verächtlichen „Du-wirst-es-nie-zu-was-bringen-Blick" klarzumachen, was er von mir hielt – nämlich gar nichts!

Kurzum, die Zweckgemeinschaft hielt lediglich bis zu meiner zweiten Sehnenscheidentzündung, die ich mir heimlich und mühsam unter starken Schmerzen zugefügt hatte...

Endlich mit meinen Jungmusikern in der Musikschule angekommen sorgte ich umgehend für den nötigen Filmriss, um mich schnell der Gegenwart, dem Heute und Jetzt widmen zu können. So saßen wir schließlich im Foyer der lichtdurchfluteten und notengeschwängerten „Music-Hall of Kleindingsda" und lauschten unfreiwillig den dis- bzw. harmonischen Klängen aus den umliegenden und über uns befindlichen Studios. Während sich meine beiden Zwerge gegen alle sonstigen Gewohnheiten artig über ihre ersten Eindrücke austauschten, gingen mir eher pragmatische Dinge durch den Kopf: Was eigentlich, wenn einer der beiden plötzlich keinen Bock mehr aufs planmäßige Musizieren hätte? Wie viel kostet mich überhaupt dieses von mir spontan initiierte musikalische Engagement? Kann die Schule den zukünftigen Unterricht überhaupt so organisieren, dass beide zeitgleich ihre Instrumente quälen können?

Inmitten jener Gedankenströme öffnete sich endlich eine der ebenerdig angelegten Türen, die vom Garten des Anwesens direkt ins Foyer der Schule führte. Galt ich denn nicht als der abgeklärte Typ, der total unaufgeregt und absolut cool noch jede Alltagssituation zu meistern imstande war? Von wegen! Irrtum! Meine Anspannung und meine spürbare Ungeduld stiegen ins Unermessliche. „Nun komm' endlich rein! Zeig dich!", schoss es mir durch den Kopf, denn meine Nervosität und Neugier, die ein emotionales Feuerwerk in mir auslösten, schien ich nicht mehr unter Kontrolle zu kriegen...

Upps! Wow! Unglaublich! Mein Puls begann zu rasen, als säße ich in einer Achterbahn, die aus den Gleisen zu krachen drohte! Meine trockene Kehle legte im Nu mein gut trainiertes Sprachzentrum lahm! Die Knie wurden weich und fragiler, und mich überkam die nackte Angst, zu guter Letzt auch noch feuchte Hände bekommen zu können, obwohl mir derartige körperliche Ausprägungen absolut fremd waren! Doch noch ehe ich meine gedanklichen Klimmzüge zu Ende bringen und mein Selbstbewusstsein der dafür zuständigen Gehirnhälfte übergeben konnte, stand SIE plötzlich vor mir – ein Traum von einer sich in den besten Jahren befindlichen Frau! Ihre sympathische Freundlichkeit wurde noch durch ein charmantes, natürliches Lächeln, einen zuckersüßen Mund, hinter dem sich gefühlte 50 perlweiße Zähne verbargen, und zwei funkelnde warme Augen, in denen ich spontan hätte baden wollen, ergänzt. Mit ihren zu einem Zopf gebundenen blonden halblangen Haaren streckte sie mir leicht schmunzelnd ihr zartes Händchen entgegen, um sich total gelassen und mit sanfter Stimme vorzustellen. Soso, das war sie also, die swingende Chefin, mit der ich hinsichtlich der Anmeldung noch ins Detail zu gehen hatte.

Und bevor ich – vom Anblick dieser Lichtgestalt völlig irritiert – den Versuch unternehmen konnte, die Vorstellungsrunde mit ein paar witzigen Bemerkungen zu vervollständigen und ein wenig Lockerheit in die Konversation bringen zu können, senkte Madame Wunderschönattraktivundsympathisch den Blick auf ihren ballonartigen Bauch mit dem Hinweis, dass sich darin Zwillinge befänden! Meine Güte, dachte ich, selbst mit dem ausgedehnten Umfang und auf dem Höhepunkt ihrer Schwangerschaft sah sie verdammt lecker und sexy aus, dass ich mich für meine diesbezüglichen Wahrnehmungen sogar vor mir selbst ein bisschen zu schämen begann.

Wie drückte sich nochmal meine Mutter aus, als ich mit meiner damaligen Frau aus gleichem Anlass ein schickes Umstandskleid kaufen wollte? „ Also schwanger sein und dann auch noch hübsch aussehen wollen – das darf ja wohl nicht wahr sein!" Und schon spürte ich sie wieder – die groteske Elternbotschaft im Hirn und die geballte Faust in meiner Tasche...

Die Anmeldeformalitäten sowie die Organisation bezüglich der Übungsstunden gestalteten sich übrigens total reibungslos! Die Musikschule wurde zwar nicht unser unmittelbarer Lebensmittelpunkt, aber aus den unterschiedlichsten Beweggründen fieberten wir Woche für Woche dem vereinbarten Termin entgegen...

Die Tonleiter im Handgepäck

Meine Musik-Freundin Tina ließ einfach nicht locker; wochenlang schwärmte sie mir immer wieder von ihrem ins Leben gerufenen Chor vor, der mit tollen Mitgliedern besetzt sei und dem nur noch Männer mit ausdrucksvollen Stimmen fehlte, bis ich schließlich im vollen Bewusstsein, nie und nimmer eine der von ihr angesprochenen Chorlücken schließen zu können, zusagte, an einem der nächsten Freitage vorbeizuschauen. Eine Rückzugsmöglichkeit hatte sie mir freundlicherweise eingeräumt: „ Ich solle doch wenigstens mal reinschnuppern!"

Freitags, aha!!! Das war also der Abend etlicher unausgelasteter junger Mütter, die sich zusammenschlossen, um statt eines gesundheitsfördernden „Brust-Bauch-Po-Programms" lieber den beschwingten Weg des Kehlkopf- und Stimmbandtrainings zu wählen. Kein Wunder, dass es an allen Ecken und Kanten an (Alt-)Stimmen mangelte, denn den überproportional vertretenden Sopranistinnen fehlte es offensichtlich an der notwendigen Reibung und dem Spannungsverhältnis zu den tief tönenden Kerlen! So, so, als Lückenfüller war ich demzufolge vorgesehen! Eine ziemlich ernüchternde Feststellung, die mich nicht nur an meiner gesamt-musikalischen Persönlichkeit zweifeln ließ...

Und was hatte ich mir im Zusammenhang mit dem Chor, der sich der anspruchsvollen Gospelei verschrien hatte, denn nun noch vorzustellen? Dass sich scheinbar brave Mädels fernab der Familie wenigsten einmal wöchentlich auf ganz legale Weise ein paar Stunden der Entspannung gönnen würden? Dass sie die Abende mit selbst Gebackenem und Hochprozentigem unter Einbeziehung unzähliger IKEA-Teelichtern zu einem kuscheligen kulinarischen Event veredeln und mal ganz nebenbei ein paar Liedchen trillern wollten?

Nun, diese Art freiwilliger (Not-)Gemeinschaften war mir so fremd nun auch wieder nicht, hatte doch meine Mutter schon vor Jahrzehnten in regelmäßigen Abständen einige tuttelige Damen aus der Nachbarschaft um sich geschart, um denen simple Plastikbehältnisse in den unterschiedlichsten Größen und Farben anzudrehen – jene Veranstaltungen machten unter dem Pseudonym „Tupperpartys" die Runde, und meine Mutter sorgte mit dem Verkaufserlös für eine Aufstockung unserer stets schwindsüchtigen Haushaltskasse. Kann mich noch gut an die aus meinem pubertären Wortschatz rekrutierten „Alt-Weiber-Feste" erinnern, zumal sich an den „verkaufsoffenen Vormittagen" der Abwasch aus mehreren Sammeltassen türmte, die wir Kinder unseren Eltern bei jeder sich bietenden Gelegenheit Jahr für Jahr als Geschenk unterjubelten. Unter dem Deckmantel der Einfallslosigkeit, aber auch wegen des geringeren Preises, kauften meine Geschwister und ich von unserem kargen Taschengeld zuhauf all diese bunten Tassen, so dass sich mein handwerklich äußerst begabter Vater irgendwann mal genötigt sah, eine Truhe aus alten Holzbrettern zu bauen, die einerseits als Blickfang für den Korridor dienen sollte, und um andererseits den kitschigen Porzellanstaubfängern einen angemessenen Platz zu sichern. Unsere Bezugsquellen für das überflüssige Geschirr waren entweder der Trödelmarkt in unserem Kiez oder das Billig-Kaufhaus „bilka", das wir locker zu Fuß erreichen konnten. Bei „bilka" fühlten wir uns wie auf einem türkischen Basar, zumal ja mein Wohnbezirk als zweitgrößte Stadt der Türkei galt. Der inhaltliche Clou der damaligen Einkaufsstätte bestand für mich allerdings darin, dass unter der deutschsprachigen Warenetikettierung noch einmal die Warenbezeichnung in großer türkischer Schrift wiederholt wurde, was aus heutiger Sicht unter dem Aspekt der Integrationsdebatte als absolut kontraproduktiv bezeichnet werden dürfte – ein Indiz auch dafür, dass in den sechziger Jahren etwaige Deutschkenntnisse von keinem Zuwanderer erwartet worden war; im Gegenteil, die Volkswirtschaft stellte sich sehr schnell auf vorhandene Sprachbarrieren der neu gewonnenen Käuferschichten ein.

Dem Schnuppern verpflichtend fuhr ich also am nächsten Freitag zu Tinas Haus, das sie mit ihrer reizenden Familie bewohnte und in dem die regelmäßigen musikalischen Sausen (sprich Chorproben) stattfanden. Etwas verspätet parkte ich meinen Wagen genau vor dem großen Fenster des Anwesens, wobei mein direkter Blickkontakt auf Menschen gerichtet war, die sich im Inneren des Raumes für eine Gospelgruppe ziemlich seltsam benahmen! Hinter der Scheibe spielten sich Szenen ab, die mir noch von der Schwangerschaftsgymnastik, welche ich damals mit meiner Frau gemeinsam habe erleben dürfen, sehr bekannt vorkamen. Die in einem Halbkreis positionierten Damen beugten und streckten individuell rhythmisch ihren Körper, wobei ich bei einem Mädel das vorzeitige Platzen ihrer Fruchtblase befürchtete! Die verhältnismäßig kleineren Bäuchlein der anderen Turnerinnen ließen eher auf einen späteren Entbindungstermin schließen. Bin ich hier richtig? Ist heute Freitag?, schoss es mir durch den Kopf. Doch! Doch! Da ist ja Tina, die ich endlich zwischen den umherwuselnden Go-Go-Girls erkannte.

Vorsichtig und total verunsichert näherte ich mich dem vermeintlichen Kreißsaal und schaute mir zwischen Tür und Angel das Treiben dort drinnen an, bis Tina – Organisatorin, Sponsorin, Gitarristin und Sängerin in Personalunion – plötzlich auf mich zeigte, der Gruppe, die gerade damit beschäftigt war, sich mental-emotional zu finden, meinen Vornamen verriet und mir charmant lächelnd einen noch freien Platz in der Damenriege anbot. Wie unter Hypnose und der Gesetzmäßigkeit gruppendynamischer Prozesse gehorchend ließ ich mich willenlos integrieren. Und nach dem Warm-up erklärte mir die engagierte Chorleiterin Mechthilde ungefragt den Sinn und Zweck der Übungen, die besonders mir gut täten, weil sie ein deutliches

Knarren und Knacken zwischen meinen morschen Knochen wahrgenommen haben wollte. Es folgten einige gesangstechnische (Atem-) Übungen zur „Optimierung des jeweiligen Lungenvolumens", das für das Halten der Töne von unschätzbarem Wert sei! Mir war in diesem Augenblick sofort klar, dass hier nichts dem Zufall überlassen wurde. Auf Grund meiner Wahrnehmungsverzerrung lag ich ja bereits mit dem Schwangerschaftsturnen schon mal total daneben; denn es war nur die kleine Melanie in anderen Umständen; und eine Gefahr für Mutter und Baby bestand übrigens auch nicht, weil Melanies Mann stets mit laufendem Motor und gepackter Tasche an jeder Ecke auf sie lauerte.

Mechthilde, eine studierte Pianistin und Gitarristin, war so ein Mixed aus Bettina Wegener (Liedermacherin aus der damaligen DDR), einer akademischen Pflastersteinmalerin mit politisch grünem Background und einer polnischen Sozialarbeiterin, die auch auf den Beelitzer Spargelfeldern gut zurecht gekommen wäre! Und von wegen, bunter Abend mit den fünf K's: Kerzen, Kaffee, Kekse, Kognak, Klönen! Nee, nee! Nix da!! Ein weiterer Irrtum meinerseits! Unter Mechthildes Fuchtel wurde professionell geturnt und geprobt, wie ich es seit meiner Schulzeit als Drei-Käse-Hoch im Berliner Kinderchor nicht wieder erfahren hatte. Und nach meiner Schnuppervisite spürte ich trotz des Drills (oder vielleicht auch gerade wegen der eisernen Disziplin) den unwiderstehlichen Zwang, meinem früheren „Niemals" ein explizites „Ja" zum Gospeln entgegen zu setzen und meine neu erworbene Haltung auch auf dem entsprechenden Aufnahmeantrag dokumentieren zu wollen. Die Vorteile der Mitgliedschaft lagen natürlich für mich klar auf der Hand; denn allein die Tatsache, wenigstens einmal wöchentlich im Kreise ausgewachsener attraktiver Mädels Konversation betreiben zu dürfen, rechtfertigte meine Entscheidung, zumal sich meine bisherige Kommunikation im Wesentlichen auf meine zehn und elfjährigen Kids beschränkte! Na ja, und was Tina anging? Ihre wohltuende Nähe bekam mir schon immer gut – dem Charme und ihren Motivationskünsten war (und bin ich noch heute!) total ausgeliefert.

Darüber hinaus durfte ich am Schnupperabend auch noch meiner sehr attraktiven und ausgesprochen intelligenten Nachbarin namens Iris auf die Pelle rücken, die mir in kollegialer Distanz Einsicht in ihre Notenblätter gewährte und es dabei in Kauf nahm, gemeinsam mit mir von einem Blatt lesend ins Gesangsgeschehen einzugreifen, wobei mich ihr dezentes Parfüm und ihre atemberaubend hübschen Augen in eine Atmosphäre abdriften ließen, in der ein konzentriertes Singen unmöglich war. (Auch mit Iris verbindet mich bis zum jetzigen Zeitpunkt eine echte Freundschaft!) Im Laufe der nachfolgenden Übungsstunden sollte ich einen wirklich guten Zugang zu allen (na ja, zu fast allen) Mitgliedern finden, und bald war ich auch nicht mehr der Letzte im Bunde, weil Tina, die immer wieder neue Quereinsteigerinnen akquirierte, stets für eine gruppenförderliche Fluktuation und demzufolge auch für ganz neue gesangstechnische Impulse sorgte.

Es folgten unzählige Auftritte auch außerhalb unseres Breitengrades; so gospelten wir auf „höchstem Niveau" (na ja, zumindest auf erhöhten Podesten!) in Kirchen, auf Weihnachtsmärkten, zu Hochzeiten, in Kneipen und beinah' auch in überfüllten Justizvollzugsanstalten, in denen es schon der legendäre Jonny Cash mit seiner Familiencrew hat krachen lassen – doch für einige unserer Musikantinnen bildeten die Knastmauern und deren Insassen ein emotional schier unüberwindbares Hindernis, so dass ein Arrangement in den staatlich kontrollierten Gebäudekomplexen leider nicht zustande kam. Unser Repertoire an Gospelsongs wuchs im Übrigen von Stund zu Stund, und dennoch bildeten einige Stücke das Grund-Fundament unserer musikalischen Darreichung. So favorisierte Mechthilde aus unserer geballten Sammlung zwar ganz bestimmte Lieder, die wir auch bis zum Erbrechen unwidersprochen einübten, die Texte uns aber bei manchen Präsentationen buchstäblich im Halse stecken blieben! Bei manchen Songs wiederum gewann ich stets den Eindruck, mich inmitten agitierender Heilsarmeeisten zu befinden, wobei ich deutlich das virtuelle Geklimper mäßig gefüllter Spendenbüchsen wahrzunehmen glaubte.

Der harte Kern unserer musizierenden Einheit hatte mit der Heilsarmee aber wenig am Hut – eigentlich gar nichts; er bestand vielmehr aus internationalen Individuen, die aus Potsdam, Kleinmachnow, Drewitz, Werder und Berlin den Weg zur Gospelkunst fanden. Neben mir gehörten noch zwei weitere Protagonisten zu der unterbesetzten „Alt"-Formation; einmal der mittelalterliche Erich, ein absolut netter, sympathischer Zugereister und Herr der alten Schule, bei dem ich während seines phonstarken Einsatzes ständig Angst hatte, seine Zähne auffangen zu müssen, weil er als Mundakrobat noch in jedem subventionierten Zirkus Karriere hätte machen können. Und Jonas, auch ein prima Kerl und guter Freund, der unser Männer-Trio vervollständigte, verkörperte gerade noch so in etwa den Jugendstil und darüber hinaus auch deutlich messbar das Wirtschaftswunder, wobei er mich mit seinen überragenden Notenkenntnissen, mit seiner Textsicherheit und später auch privat mit seinem guten Tischtennisspiel verblüffte. Auffällig und unübersehbar war noch Vickys freizügiges Dekollete – manchmal schien es so, als würden bei jedem voluminösen hohen C ihre üppigen Brüste aus der Balance geraten und über die bereits gelockerten Behältnisse hopsen, was allerdings nie passierte! Unvergesslich bleibt für mich auch das Highlight des nicht geplanten morgendlichen Dorf-Kirchen-Auftritts im Rahmen unseres absolut gelungenen Wochenendausflugs ins niedersächsische Niemandsland. Dass uns Mechthilde nach dem Auftritt in unsensibler und demoralisierender Art gehörig die Leviten las, weil wir ihrer Ansicht nach den bis dahin schlechtesten musikalischen Eindruck hinterlassen hätten, stieß nicht nur bei mir auf totales Unverständnis; denn schließlich war sie es, die uns statt des üblichen und notwendigen Einsingens lieber vor der Kirche untergehakt im Kreis herumhampeln und ein merkwürdiges Tänzchen aufführen ließ, so dass Außenstehende durchaus den Eindruck gewinnen mussten, im Zuge einer Reha-Maßnahme einer Aufführung stationär behandelter Schwerstkranker beizuwohnen...

Ach ja, mit meinem anfänglichen (Vor-)Urteil, die Gruppe würde sich mit leckerem Selbstgebackenen und temperierten Rotweinen die Übungsabende versüßen, lag ich so falsch nun auch wieder nicht! Manche Gourmet-Zungen behaupten allerdings noch immer – und dies wohl nicht ganz zu unrecht –, ICH hätte bei meinem Einstieg den Startschuss für die obligatorischen Pausensnacks gegeben, die sich sehr zügig zu immer deftigeren Buffets mit immer delikateren Durstlöschern ausweiteten. In der Psychologie wird dieses Phänomen als „selbsterfüllende Prophezeiung" bezeichnet, wobei mich in diesem Zusammenhang meine eigene Erfahrung gelehrt hat, dass ein gut gefüllter Magen und eine fein geölte Kehle sowohl der Stimme als auch der Stimmung gut tun...

Nadelstiche

Vom Einkaufscenter
komm ich her,
ich muss euch sagen,
die Tüten sind schwer!

Überall vor den Gängen sitzen,
dunkle Gestalten,
die frösteln
statt schwitzen;

sie bitten und betteln
um jeden Cent,
ich muss nach Hause,
mein Braten sonst brennt!

Am Heiligen Abend
herrscht große Not,
wo ist denn bloß
das Fladenbrot?

Schnell fahr' ich noch
zum Okan hin,
mit Christus hat der doch
nix im Sinn!

Kaufe ein bisschen
Schafskäs dazu –
und vor dem Stand
hockt Shila, sin' Fru!

Die häkelt und strickt
für das nächste Kind,
trinkt heißen Tee,
weil so kalt bläst der Wind!

Mit kurzer Decke
wärmt sie die Beine,
gefütterte Stiefel
hat sie ja keine!

Ich schließe die Augen,
kann Elend nicht seh'n,
bin mächtig hungrig –
und müde vom Steh'n!

Mit glänzenden Augen
beginnt die Bescherung;
hier und da noch
ne kurze Belehrung,

wer von wem
was bekommen hat –
um Mitternacht
bin ich immer noch satt!

Das festliche Essen
treibt mich in den Wahn –
ab Morgen beginnt
mein Ramadan...

Klugscheißer, Schlaumeier & Co

Nee, nee! Also wirklich nicht! Ich will hier nicht übertreiben! Weiß Gott nicht! Aber diese Leute kennen Sie doch auch, oder? Die Hochbegabten (vorwiegend ja Männer oder so was Ähnliches!), die zu allem und nichts was zu sagen haben! Die Ihre angefangenen Sätze rücksichtslos mit Stammel-fetzen wie „Ja, kenn' ick; hab ick ooch schon erlebt" unterbrechen, und die dann Ihre Geschichte für Sie weiter fortsetzen! Doch! Doch! Geben Sie ruhig zu, dass Ihnen diese Alles-Besser-Wisser auf den berühmten Keks gehen, die ungebetenerweise auch immer einen „guten" Rat aus dem Ärmel schütteln, ohne vorher je was rein getan zu haben! Die so unsensibel dahersabbeln und gar nicht merken, dass Ratschläge auch Schläge sind! Die sich ungefragt in Gespräche einmischen, die sie mit niveaulosen Allgemeinplätzen belegen und damit ihre gesamte Umgebung frustrieren und rhetorisch verpesten.

Na? Sehen Sie! Jetzt fallen Ihnen doch noch einige solcher Plapper-Störche ein, stimmt's? Ganz schlimm sind die, die sich vor allem den Kids und Teenagern als Zwerg-Allwissende anbiedern! Jaaaaaaa, da kenne ich eine ganze Reihe solcher oberschlauen Hirten, die unaufhörlich auf den Nachwuchs eindreschen und nach Anerkennung buhlen, die sie sonst nur vom Pfarrer bei der Weihnachtsmesse durchs Gesangsbuch geheuchelt bekommen! Häufig geifern die Phrasendrescher über Dinge, von denen sie überhaupt keinen Schimmer haben, dabei gilt noch immer: „Wer keine Ahnung hat, sollte besser die Fresse halten!"

Nö, nö! Die Alltagspropheten mit dem Drang zur Selbstdarstellung werden wir wohl nie mehr los! Ne, ne! Da geben Sie sich mal keinen Illusionen hin! Diese verbalen Herumspeichler haben sich innerhalb der Familien so eingenistet, dass sie vermutlich auch in naher Zukunft nicht mehr weg zu domestizieren sind! Dabei gäbe es vielerlei Einsatz-Optionen für die große Schar an Schaumschlägern. Die könnten doch mit ihren sprachlichen Ergüssen glatt die Lücken schließen, die durch den Verlust von Zivildienstleistenden sowohl in den Heimen und Hospizen als auch in den Altersruhesitzen entstanden sind. Das sind doch echte Kommunikations-Oasen, in denen sich die Quartalsblender so richtig ausmähren könnten, zumal doch die Betreuten allein schon wegen ihrer zunehmenden Schwerhörigkeit zu den treuesten und dankbarsten Zuhörern zählten – oder etwa nicht? Die Alten hätten's doch gut – sie genössen die Sprechblasen der Quacksalber, fühlten sich unterhalten und könnten dabei auch noch ungestraft in die Hosen machen!

Neulich erst erlebte ich hautnah, wie ein Hokuspokus-Dinosaurier vor einem Pubertierenden die einzig richtige Strategie ausspie, mit der unsere Fußballmannschaft garantiert den Europameistertitel gewänne! Im gleichen Atemzug kreierte er vor dem staunenden Jüngling ein Lösungsmodell, mit dem auch die unrühmlichen Fan-Ausschreitungen abrupt und ein für alle mal beendet werden könnten. Ja echt! Diese intellektuell abgespeckten Sprach-Überflieger haben das drauf! Die kennen sich auf allen Gebieten aus! Die könnten Ihnen sofort die notwendigen Handlungsanweisungen vorbeten, mit denen die Euro- und Bankenkrise erfolgreich gestoppt würden! Die tragen stets eine Mischung aus Vorurteilen, Halbwahrheiten und Überliefertem auf ihrer flinken Zunge! Diese Schlaumeier-Ästhetik hat sich wie ein Karzinom über uns ausgebreitet; und zum (Selbst-)Schutz kann ich jedem nur empfehlen, die eigenen vier Wände raumgreifend zentralversiegeln zu lassen! Manchmal erinnern mich diese virenverseuchten Hirnamputierten auch an viele Parlamentarier und manche Lehrer! Jene Neunmalklugen, die ihre Weisheiten, die sie mal mit Löffeln gefressen haben, in die Wohnstuben und Klassenzimmer wiederkäuen!

Aber eins muss man den selbsternannten Weltökonomen, Politik- und Sozialwissenschaftlern in Personalunion schon lassen – doch, doch; den reicht manchmal nur eine einzige Schlagzeile – und schon sind die im Bilde! Apropos: Neulich ging ein Knirps mal der Frage nach, wie es sein könne, dass sein Opa alles, aber auch wirklich alles wüsste? Die Antwort gab er sich dann schließlich selbst: „Mein Opa" rekonstruierte der Pfiffige, „liest jeden Tag von vorn bis hinten die Zeitung (sone Art „Bild" für Fortgeschrittene!), löst ständig Kreuz- und Bilderrätsel, verpasst keine Nachrichtensendung, ist bei jeder Rateshow dabei und führt seit Jahrzehnten Einkaufslisten mit den entsprechenden Produktpreisen!" Na hören Sie mal, so was kann doch nicht ohne Wirkung bleiben! Dagegen helfen doch sicherlich Tabletten, oder?

Ja, natürlich! Und ob! Das ist die geistige Nahrungskette für diese Schlaumeier und Konsorten! Meine pädagogischen Versuche, die Dimension des „Allwissenden-Opa-Mythos" ins einigermaßen Erträgliche herunter zu dimmen, mündeten eher in grelle Spekulationen! Sind für diese unterbelichteten Halbwert-Aufschneider wirklich alle Moslems terroristisch? Ganz Polen kriminell? Alle Amis geschmacksresistent und oberflächlich und sämtliche Japaner fotosüchtig? Ist das deren Weltbild? Oder sind sie selbst zum Spargelstechen zu blöd, um aber immer genau sagen zu können, wo es bei uns am billigsten ist?

Ja, logisch! Diese kognitiven Luftpumpen kommen auch viel rum und wissen immer Bescheid – absolut! Vor kurzem konnte ich mich von deren sozialen, empathischen und medizinischen Standing überzeugen, als ich so ganz nebenbei mal meine zeitweilig kurz aufgetretenen Schwindelanfälle erwähnte. Der Klugscheißer vor dem Herrn unterbrach mich sofort mit dem klinischen Weitwinkelblick, dass er das von seinem Vater her kennen würde, dass dies die Vorboten einer unheilbaren Krankheit wären und dass sein Papa schlussendlich auch daran gestorben sei!

Danke, Herr Nachbar! Na das hat mir natürlich sehr geholfen und mir viel Kraft verliehen – na klar! Feingefühl und Sensibilität hatte der vermutlich auf dem zweiten Bildungsweg studiert! (Übrigens hatte mir der Orthopäde wegen meiner akuten Verspannungen bloß ein paar Massagen mit Gymnastik verschrieben...)

Hm, wie bitte? Ob die was? Ja, ja! Da kann ich Sie beruhigen! Also die Wissensallrounder führen grundsätzlich eine formale Beziehung; sie sind aber die meiste Zeit von der Familie getrennt! Die so genannten Klugscheißer sind immer auf Achse und auf der Suche nach der individuellen Wahrheit, die nur sie zu kennen glauben! Ihre Exkurse planen und führen die IQ-Geschädigten grundsätzlich allein durch, um ihr Erlebtes und Eruiertes nicht mit etwaigen Mitwissern teilen zu müssen. Nachdem die aufmerksamkeitsdefizitären Intelligenzbestien (adI) sämtliche Erkenntnisse aufgezeichnet haben – Sie sollten wissen, dass die Merkfähigkeit bei dieser besonderen Spezies nur sehr dürftig ausgeprägt ist –, profitieren sie noch nach Jahren von ihren gesammelten Skripten! Nur durch ständiges Nachschlagen und Herumwühlen in den versteckten und teils verbuddelten Schriftsätzen ist es ihnen möglich, jederzeit ihre Verbal-Sekrete vor dem staunenden und scheinbar unwissenden Publikum absondern zu können! Ein absolut biologisches und kulturelles Phänomen, diese Schlaumeier!

Aber Vorsicht! Erkennen Sie sich in manchen Sequenzen auch wieder? Also ich habe das Gefühl, als hätte sich das Virus ab und zu auch in mir reingemogelt! Verdammt! Ab sofort werde ich „brutalstmöglich" dagegen ankämpfen! Ehrenwort! Wenn nötig, mit einem Schweigegelübde...

Kariösitäten

In meinem unmittelbaren Umfeld sind mir nicht gerade viele Leute untergekommen, die sich gerne zum Arzt schleppten; eher doch sehr wenige; vermutlich sogar nur ein paar – im Prinzip eigentlich niemand!

Sicherlich muss zwischen den einzelnen medizinischen Fakultäten noch strikt nach den Folgen vollzogener Behandlungsmethoden differenziert werden, denn schließlich belegt auf der Schmerzzufügungsskala ein linsenorientierter Augenarzt, der lediglich mit ein paar verschwommenen Ziffern und unkenntlichen Symbolen seine graustichigen Blindschleichen im Dunkeln tappen lässt, nur einen der hinteren Rangplätze! Dagegen dürften die mit gruseligen Grubenlampen und Blasebälgen bestückten HNOs und die röntgengeilen Orthopäden, die mit ihren feinen Akupunkturnadeln auch noch wild umherstechen und damit nicht nur die Hochsteckfrisuren dünnhaariger Patientinnen verwurschteln und versauen, im gesicherten Mittelfeld verweilen! Die Spitzenpositionen in der Folterliga dürften sich jedoch erfahrungsgemäß die stets um Lockerheit und Coolness bemühten Urologen, die grundsätzlich ihren (Stinke-)Finger porentief in die vorwiegend männlichen Wunden zu legen pflegen, und die filigranen, feinmotorisch überentwickelten Dentisten mit ihren veredelten Black & Decker- Maschinen und ihrer reichhaltigen Klempnerausrüstung teilen, weil die selbst an den Brücken- und Kronentage nicht auf das Ausschachten verstopfter Wurzelkanäle verzichten können!

Und dennoch: den außergewöhnlich guten Zugang zu meiner jetzigen Zahnarztpraxis, in der mir der Chef schon seit fast zwanzig Jahren auf den Zahn fühlt, verdanke ich vor allem einer Vielzahl human-emotionalisierender Ereignisse! Nicht, dass ich etwa unter masochistischen Antriebswellen leiden würde oder mich einer „Männer-sind-stark-und-jammern-nicht-rum-Sekte" angeschlossen hätte – nee, nee, es sind vielmehr die Rahmenbedingungen, die einem optischen Leckerbissen gleichkommen und die mich regelmäßig in die alpina-weißen Praxisräume hineinkatapultieren ...

Längst vergessen sind die alten Zeiten, in denen ich aus falsch verstandener Familiensolidarität meine Beißerchen Onkel Gustav anvertraute, der in meinem Mundwerk noch mit Gerätschaften herumfuhrwerkelte, mit den die Kumpels aus dem Ruhrpott leicht und locker die Braunkohle hätten abbauen können! Darüber hinaus hatte ich den Eindruck, dass der Behandlungsstuhl dem (Alt-)Bestand des eine Treppe höher praktizierenden Gynäkologen entnommen worden sein musste, zumal ich sämtliche Zahnchecks, Bohrungen und Füllungen mit gespreizten Beinen über mich habe ergehen lassen müssen. Vermutlich ist mein Onkel Doktor auch schon mal mit dem Betäubungsmittelgesetz in Konflikt geraten, denn Spritzen waren für ihn absolut tabu; und wenn schon, dann nur in begründeten Todesverdachtsfällen!

Bei meinem mir inzwischen sehr vertrauten Zahnarzt ist alles ein bisschen anders - wesentlich anspruchsvoller, viel pompöser und deutlich schmerzfreier als bei dem stark überlasteten Brandenburgischen-Unterbezirkspferdenotsschlachter! Das Ambiente ist vergleichbar mit der Wohlfühlatmosphäre in einem der vielen elitären Robinson Clubs, wobei eben nicht nervige, mit Kastagnetten ausgestattete Animateure grölend „die Hände zum Himmel" hebend durch die Gänge schunkeln, sondern mega-attraktive, blutjunge und kompetente Zahnfees über den flauschigen Boden sandalettieren! So, wie die Sargträger das trostspendende Schwarz und die Bundes-Tschakos das knüppelharte Grün bevorzugen, tragen die Colgate- und Elmex-Girlies ihr blütenhaftes Weiß auf, mit dem dem Betrachter auch ein beruhigendes Bild totaler Unschuld suggeriert wird! Und der Kapitän der „weißen Flotte", ein exzellenter Fachmann und anerkannt charmanter Teamplayer, der offensichtlich nur im zahntechnischen Bereich der Funktionalität den Vorzug vor der Schönheit gibt, muss beim Casting seiner Mitarbeiterinnen ein plombensicheres Händchen gehabt haben! Denn die Fluktuation in seinem Betrieb ist derart gering (soweit mir bekannt ist, führten bislang nur Mutterfreuden der heiß begehrten Zahnmannequins zu zeitweiligen Arbeitsunterbrechungen), weil die Top-Models den Absauger und die Prophylaxe genauso gut beherrschen wie den Umgang mit der allgemein verängstigten Klientel, die nur aus purem Selbsterhaltungsinstinkt über ihre sieben Brücken den Weg zum elektrischen (Liege-)Stuhl findet!

Glauben Sie nun aber ja nicht, dass ich inzwischen so verbohrt wäre und meinen Lebensmittelpunkt in die Zahnarztpraxis verlegt hätte; doch ein Abstecher in diese museal anhauchende Lounge hat durchaus auch faszinierend nachhaltige und beinah atemberaubende Reizpunkte! So ist beispielsweise das schnee-weiße Wartezimmer von den übrigen Räumen durch eine klare Glasscheibe getrennt, die eben nicht nur einen freien (Durch-)Blick ins Foyer garantiert. Und da die Zahnmodels durchgehend wie einst die Modepuppen auf dem Laufsteg der Berliner Bread & Butter auf den Beinen sind, bleiben zwangsläufig auch dem Wartenden jene bewegenden Szenarien nicht verborgen! Mal ganz unter uns; welcher Hetero würde denn vor einer Zahnfleischbehandlung oder gar vor dem Zahnziehen eine der ausliegenden Zeitschriften lesen wollen, wenn sich vor seinen Augen konturenträchtige, bildschöne Mädels tummeln, die ihm dankenswerterweise auch noch die Wartezeiten versüßen?

Andererseits wurden mir erst neulich vor dem Röntgen-Shooting schnell noch einige lädierte Zähne aufgehübscht. Und während mich der Zahnrestaurator mühsam von meinen kariösen Belegen zu befreien versuchte, die ich mir aufgrund mangelhafter Putzleistungen selbst zuzuschreiben hatte, navigierte eine Blend a med-Lächelnde aus dem ansehnlichen Gala-Ensemble den dazu benötigten Wasserwerfer so (un-)glücklich zwischen meine Kiefer, dass sie mit ihrer rechten zarten Brust permanent meine bereits pulsierende Halsschlagader rhythmisch massierte! Allein mein mit allerlei Utensilien voll gestopfter Mund hinderte mich daran, jenes unbeabsichtigte erotische (Vor-)Spiel überhaupt anzusprechen und um eine vorzeitige Beendigung zu bitten! Lautlos bewertete ich schließlich den nicht gerade unangenehmen Hautkontakt als eine Art bonusberechtigte Kassenleistung für Mitglieder meines Reifegrades...

Von diesem Zeitpunkt an stellte ich vorübergehend das Zähneputzen gänzlich ein, um stattdessen mit der „weißen Rose" von der Anmeldung eine kontinuierliche wöchentliche Kariesbehandlung zu vereinbaren ...